O VERÃO DE 54 (NOVELAS)

Catalogação na Fonte
Elaborado por: Josefina A. S. Guedes
Bibliotecária CRB 9/870

M958v Muller, Fabricio
2019   O verão de 54 (novelas) / Fabricio Muller. - 1. ed. - Curitiba: Appris, 2019.
       241 p. ; 23 cm

ISBN 978-85-473-3162-7

1. Ficção brasileira. I. Título.

CDD – 869.3

Editora e Livraria Appris Ltda.
Av. Manoel Ribas, 2265 – Mercês
Curitiba/PR – CEP: 80810-002
Tel: (41) 3156 - 4731
www.editoraappris.com.br

Printed in Brazil
Impresso no Brasil

Fabricio Muller

O VERÃO DE 54 (NOVELAS)

Editora Appris Ltda.
1.ª Edição - Copyright© 2019 dos autores
Direitos de Edição Reservados à Editora Appris Ltda.

Nenhuma parte desta obra poderá ser utilizada indevidamente, sem estar de acordo com a Lei nº 9.610/98. Se incorreções forem encontradas, serão de exclusiva responsabilidade de seus organizadores. Foi realizado o Depósito Legal na Fundação Biblioteca Nacional, de acordo com as Leis nos 10.994, de 14/12/2004, e 12.192, de 14/01/2010.

FICHA TÉCNICA

EDITORIAL	Augusto V. de A. Coelho Marli Caetano Sara C. de Andrade Coelho
COMITÊ EDITORIAL	Andréa Barbosa Gouveia (UFPR) Jacques de Lima Ferreira (UP) Marilda Aparecida Behrens (PUCPR) Ana El Achkar (UNIVERSO/RJ) Conrado Moreira Mendes (PUC-MG) Eliete Correia dos Santos (UEPB) Fabiano Santos (UERJ/IESP) Francinete Fernandes de Sousa (UEPB) Francisco Carlos Duarte (PUCPR) Francisco de Assis (Fiam-Faam, SP, Brasil) Juliana Reichert Assunção Tonelli (UEL) Maria Aparecida Barbosa (USP) Maria Helena Zamora (PUC-Rio) Maria Margarida de Andrade (Umack) Roque Ismael da Costa Güllich (UFFS) Toni Reis (UFPR) Valdomiro de Oliveira (UFPR) Valério Brusamolin (IFPR)
ASSESSORIA EDITORIAL	Bruna Fernanda Martins
REVISÃO	Andrea Bassoto Gatto
PRODUÇÃO EDITORIAL	Giuliano Ferraz
DIAGRAMAÇÃO	Andrezza Libel
CAPA	Fernando Nishijima
COMUNICAÇÃO	Ana Carolina Silveira da Silva Carlos Eduardo Pereira Igor do Nascimento Souza
LIVRARIAS E EVENTOS	Milene Salles | Estevão Misael
GERÊNCIA COMERCIAL	Eliane de Andrade
GERÊNCIA DE FINANÇAS	Selma Maria Fernandes do Valle

Para Valéria e Teresa

PREFÁCIO

Há um conceito musical que se aplica perfeitamente ao livro que tens em mãos, caro leitor. Na música, chamamos de *rapsódia* um tipo de composição que reúne, em um só movimento, diferentes temas musicais que, sem seguir uma estrutura pré-definida, encantam por sua variedade de temas, tons e intensidade. Nesse sentido, *O Verão de 54* pode ser visto como uma grande e multifacetada rapsódia literária apresentada por Fabricio Muller.

Composto por quatro novelas, a obra mostra a imensa capacidade narrativa de Muller, nada espantosa para os que conheceram o escritor em seu romance de estreia, *Um amor como nenhum outro*, de formação que merece ser descoberta pelos leitores brasileiros. Seguindo a ideia de uma rapsódia narrativa, cada uma das novelas tem seu universo particular e – como traço inegável de domínio da escrita – uma estrutura narrativa própria, absolutamente distinta dos demais. Se o cenário une essas quatro novelas – o livro é universalmente curitibano –, cada uma das histórias encantará o leitor por diferentes razões.

A novela-título, *Verão de 54*, é uma das mais bem sucedidas experiências metalinguísticas que já li em forma de narrativa longa; a história de inocência e ousadia desse jogo farsesco proposto por Muller é entremeada pela voz desse autor onisciente intruso, que tudo sabe e sobre tudo opina – e que nos convida a acompanhar o próprio ato de criação, tornando-se quase uma aula sobre o ofício de escritor.

Morrissey é uma ousada novela em modo dramático, contada do início ao fim em um diálogo do qual o leitor dificilmente conseguirá se desprender; os fãs do cantor irão se deliciar com cada canção aqui recordada, e será impossível para quem não as conhece fugir da tentação de buscá-las de imediato. Não creio exagerar ao dizer que o próprio homenageado se divertiria muito ao ler essa narrativa policial que traz o vocalista do *The Smiths* até Curitiba na tentativa de solucionar uma série surpreendente de crimes.

Conversão é, em termos de estrutura, a mais tradicional das quatro partes desta rapsódia; a forma como o autor escolheu para abordar a questão central dessa novela – a fé –, no entanto, é inusitada e tão verossímil que certamente encontrará eco na experiência de vida de muitos leitores. Seu final é um bom exemplo de uma das principais características da literatura de Muller: um autor que oferece caminhos ao leitor, mas nunca respostas prontas; que confia na capacidade intrínseca do homem em buscar razões e preencher lacunas; que sabe usar a escrita para suscitar reflexões que vão muito além das obviedades cotidianas.

Sorry, o quarto movimento desta obra, é uma história deliciosa. Traz a voz narrativa de uma *aluna da nona série*, com todos os seus maneirismos e gírias, mas sem que isso ganhe tintas de exagero. É uma divertida história de amor adolescente temperada por pequenos tabus e estranhamentos, um refrigério que, ao final da rapsódia, deixa o ouvinte desejoso de conhecer mais e mais histórias cantadas por Muller.

Preciso apropriar-me deste autor intruso que surge em vários momentos deste livro para dizer que não há erros aqui – falo de *ouvinte* e *histórias cantadas* porque a música está intrinsecamente ligada a este *Verão de 54*. Fabrício Muller tem um texto musical, para ser lido em voz alta, e um sentido de composição e harmonia que remete aos grandes mestres daquela outra grandiosa forma de arte. Permita-se ouvir suas histórias como se as personagens estivessem vivendo cada episódio diante de seus olhos, leitor. Atesto que será um sarau particular – ou um concerto de rock – dos mais agradáveis.

Robertson Frizero

SUMÁRIO

O VERÃO DE 54 11

MORRISSEY 77
 I have forgiven Jesus 77
 What difference does it make? 87
 All the lady dykes 96
 The lazy sunbathers 108
 Sweetie pie 119
 Meat is murder 131
 Sorrow Will Come In The End 136

CONVERSÃO 137
 Primeira parte 137
  Capítulo 1 – Terça-feira 137
  Capítulo 2 – Terça-feira à noite 142
  Capítulo 3 – Ainda terça-feira à noite 147
  Capítulo 4 – Quarta-feira 151
  Capítulo 5 – Quinta-feira 155
  Capítulo 6 – Sexta-feira 158
  Capítulo 7 – Ainda sexta-feira 165
  Capítulo 8 – Sábado 167
  Capítulo 9 – Sábado ao entardecer 170
  Capítulo 10 – Sábado à noite 172
 Segunda parte 173

SORRY 189
 Nona série 189
  Segunda-feira, 4 de maio 189
  Terça-feira, 5 de maio 198
  Quarta-feira, 6 de maio 199
  Quinta-feira, 7 de maio 200
  Sexta-feira, 8 de maio 203

Segunda-feira, 11 de maio 206

Sexta-feira, 15 de maio 209

Sexta-feira, 22 de maio 210

Sábado, 23 de maio 212

Segunda-feira, 25 de maio 213

Sábado, 30 de maio 216

Domingo, 31 de maio 219

Primeiro ano do ensino médio 219

Terça-feira, 4 de abril 219

Quinta-feira, 4 de maio 226

Segunda-feira, 4 de setembro 227

Sábado, 30 de setembro 228

Sexta-feira, 6 de outubro 230

Sábado, 7 de outubro 233

Quarta-feira, 11 de outubro 235

Quinta-feira, 12 de outubro 238

Segunda-feira, 16 de outubro 239

O VERÃO DE 54

"Where were you when my world was burning down
You say you'd be here but you're nowhere to be found
Nowhere to be found except in my memories
I hope you cannot breath every time that you think of me
I'm walking all alone down the road that I used to go
I'm looking all around, I see faces that I don't know".

(Elmo Kennedy O'Connor, mais conhecido como Bones)

Tudo começou quando a Valéria me contou que havia sonhado com a Clarice Lispector lhe dizendo que eu teria que escrever um livro chamado "O verão de 54". Além deste, a escritora acrescentava que eu deveria, ainda, compor outra obra, sobre a Rússia. Bem, o Stálin é um personagem fascinante e a ideia de escrever uma espécie de monólogo interior sobre os dias dramáticos depois da invasão da União Soviética pela Alemanha, quando o ditador soviético aparentemente entrou em colapso nervoso, pareceu-me, de cara, uma boa ideia. É claro que eu teria que ler muitas biografias do ditador russo, fazer pesquisas, coisas que meu trabalho como engenheiro impossibilitaria – ou, no mínimo, dificultaria muito. Quem sabe um dia.

Assim como a ideia do hipotético livro sobre a Rússia, a ideia da história do "O verão de 54" me veio imediatamente à cabeça. Seria a paixão de um homem mais velho por uma mulher bem mais jovem, ele muito rico, ela de classe média baixa, aqui em Curitiba mesmo. O problema estava no título: "O verão de 54" significava que o livro deveria se passar, pelo menos em parte, muitas décadas atrás. Meus pais nasceram no início dos anos 40, poderiam me ajudar com alguma informação sobre aquela época. Minha sogra nasceu nos anos 20, também poderia contribuir com alguma coisa.

Meu protagonista seria rico e jornalista. Rico e jornalista, naquela época, até onde eu sei, só se fosse proprietário de uma grande empresa de comunicação. Ele poderia então ser filho do dono de um grande jornal – uma solução interessante, já que eu não imaginava meu protagonista com grande espírito empresarial. Claro que um empreendedor de primeira linha (o que combinaria com um fundador de um grande jornal) poderia se apaixonar por uma moça mais jovem, mas eu imaginava um protagonista mais passivo.

Tudo começou com um sonho que Paulo teve com Maria, secretária de seu pai. Pai e filho trabalhavam em salas contíguas e ela ficava na antessala dos gabinetes dos dois, juntamente com outras duas secretárias, Nicole e Amanda.

Comecei. Consegui criar um ambiente, um local – será que as coisas eram assim mesmo na sede de um jornal décadas atrás? Provavelmente. Eu mesmo, nos anos 70 e 80 – eu ainda não trabalhava – vi algumas datilógrafas por aí. Quando comecei minha vida profissional como engenheiro, nos anos 90, os computadores já tomavam conta de tudo e a maioria das pessoas já escrevia seus próprios textos.

O sonho não foi apenas o melhor que já tivera: foi um dos grandes momentos de sua vida. Não havia nele nada de erótico: Paulo simplesmente andava de mãos dadas com Maria, numa paisagem em tons pastéis, pendendo para o alaranjado, em um caminho no meio de uma espécie engraçada de vegetação.

Ele acordou apaixonado.

A história já começou, exatamente como eu queria – mas há um problema com a década: se o verão de 54 fosse a data em que o sonho do protagonista ocorreu, então eu teria que começar a história nos anos 40, no Brasil, período em que meus conhecimentos são bem menores (é claro que eu poderia ter lido bastante sobre a época – até comprei o "História da vida privada no Brasil 3 – República: da belle époque à era do rádio", da Companhia das Letras, mas ele não falava muito da época sobre a qual eu estava interessado e tive preguiça de lê-lo. Comprei também outros livros, mas sobre isso comento depois). Agora, se ele tivesse conhecido a Maria no verão de 54, tudo ficaria mais fácil. Ele poderia então trabalhar nos anos 60 e ter tido algum tipo de amizade nos anos 50 com ela, duas décadas em que meus referenciais sobre Curitiba são melhores.

Aliás, ontem estava conversando com a Valéria, o assunto caiu no Dalton Trevisan e me lembrei da edição de "Novelas nada exemplares", que acho que li na adolescência e que acabei comprando para me ajudar em "O verão de 54". Mas não passei do primeiro conto. Eu amo Dalton Trevisan, mas não estava muito no espírito da leitura. Estou no final de "Le diable au corps", de Raymon Radiguet, muito bom, e assim que terminá-lo acho que vou retomar a leitura do "Novelas nada exemplares".

O problema com Dalton Trevisan é que sua maior especialidade é contar histórias escabrosas, normalmente sobre pessoas de extrato social ainda inferior ao de meus pais (que eram de classe média baixa) ou de meus sogros (minha sogra era de classe média, meu sogro de classe média alta); não sei, portanto, se a leitura de Dalton Trevisan me ajudaria muito aqui.

Nessas leituras para "O verão de 54", li mais de 100 páginas das quase 500 de "Meu destino é pecar", de Nelson Rodrigues, folhetim publicado sob o pseudônimo de Suzana Flag, mas não sei se vou retomá-lo. Ele sabia contar histórias, mas a coisa é exagerada demais. Li também "A vida como ela é" e mais algumas crônicas esportivas. Por essas leituras não consegui entender por que Luiz Felipe Pondé gosta tanto dele: achei quase tudo vulgar, exagerado, fake.

De todo modo, essas leituras de Nelson Rodrigues me ajudaram no seguinte sentido: quase nada ali tem alguma referência temporal específica, de modo que muita coisa poderia ser adaptada para os dias de hoje sem grande esforço. Assim, eu poderia pensar em algo semelhante, já que o enredo acaba sendo mais importante que localizar bem a história no tempo e no espaço. Não estamos falando, obviamente, de ficção histórica, que exigiria uma pesquisa muito maior. De modo que a conclusão sobre a importância primordial do enredo já era uma ajuda, sem dúvida.

Outro livro que li para minhas pesquisas é o ótimo romance de ficção histórica "Agosto", de Rubem Fonseca, sobre a morte de Getúlio Vargas, com algumas histórias paralelas. O suicídio de Getúlio Vargas ocorreu em 1954, e esse fato, assim me parecia, deveria entrar de alguma maneira em "O verão de 54". Enfim.

É claro que ele achou que essa paixão era efeito do sonho. Sentiu-se bem, fazia tempo que não se apaixonava e, claro, sempre tivera mais do que uma queda pela Maria.

Ele a conhecera no verão de 54, em Matinhos: ele tinha vinte e dois anos naquela ocasião e ela, doze.

Pronto. As datas estão acertadas.

Ele passava boa parte dos verões em Caiobá, um bairro da cidade de Matinhos, na casa da família, uma das poucas – quase todas mansões – que existiam no local. Não muita gente veraneava ali: os bailes e o grosso da vida social aconteciam na sede da cidade de Matinhos, onde a maioria dos veranistas era de classe média. Paulo e alguns amigos que ficavam em Caiobá costumavam ir a Matinhos para tentar dar uns amassos nas meninas de família que veraneavam por lá.

Todo o mundo sabia que ele era filho do dono do grande jornal: no início isso deixava-o meio sem graça – mas, com o tempo, ele percebeu que sua condição financeira era de grande auxílio. As meninas ricas, em geral, conviviam tranquilamente com ele – e Paulo estava acostumado com isso. Mas uma parte mais ou menos significativa das de classes média e média baixa ficavam deslumbradas com sua presença. Assim, aos poucos, ele começou a gostar da coisa e passava boa parte das noites em Matinhos, no Lafitte, que era o local em que os jovens iam para dançar e, como se dizia na época, paquerar.

Bem, agora preciso encontrar uma maneira de os dois se encontrarem. O protagonista era muito velho e muito rico para continuar a ir no Lafitte – e ela, muito nova.

Alguns anos antes, Paulo tinha começado a namorar Rafaela, filha de um médico famoso na cidade. Ele não era muito apaixonado por ela, nem ela por ele, mas os dois eram jovens (ela um pouco mais do que ele), bonitos, ricos. Não tinha por que não dar certo. As famílias já falavam em casamento e Paulo não via com maus olhos a ideia de se casar com ela.

Ele se apaixonara algumas vezes quando mais novo, mas a coisa nunca dava certo nessas ocasiões. Ficava nervoso, não sabia direito como agir, tinha medo de que, como filho do dono do maior jornal da cidade, acabasse fazendo a família toda passar vexame. Como a maioria de seus conhecidos, tinha uma vida sexual ativa nos prostíbulos de luxo da cidade e nem sequer lhe passava pela cabeça que isso acabaria depois de casado: não havia por que achar que sua vida mudaria muito depois do casamento.

Quanto aos namoros, Paulo tinha há anos descoberto que, sem amor, a coisa funcionava melhor. Tentava ao máximo manter sua aura respeitável de filho de dono de jornal e só engatava relacionamentos nos quais a certeza de sucesso era maior – ele achava que assim poderia encontrar uma moça boa para ele, que fosse mesmo para casar. Não que não tivesse vontade de fazer umas carícias mais safadas nas suas namoradas, mas não havia motivo para avançar muito nesse sentido. Para isso serviam as prostitutas, afinal de contas. Não pensava em se casar com uma moça muito *dada*.

Teve uma, por outro lado, que estava sozinha em casa uma vez e que acabou tirando a camisa no meio dos amassos: ele gostou demais da brincadeira e chegou a pensar – coisa que jamais teria imaginado antes – que aquela moça ousada poderia ser uma boa moça para casar. O preconceito dele diminuiu muito quando percebeu, na prática, que as mulheres não são assim tão diferentes dos homens quando o assunto é desejo sexual. Mesmo assim, o namoro não durou muito: ela era muito ciumenta e explosiva e, sabe Deus como, acabou descobrindo suas aventuras nos bordéis da cidade. Quis terminar com ele, que ficou deprimido: já pensava, meio obsessivamente até, em carícias cada vez mais ousadas.

Tudo em vão.

Com a Rafaela, por outro lado, tudo era mais tranquilo.

Ela estudava no mesmo colégio que ele – ela pela manhã, o horário das meninas, ele à tarde.

Quando eu mesmo estudei no Colégio Estadual, o negócio era este: meninos pela manhã, meninas à tarde. Passando ali hoje em dia, vejo que isso não é mais assim. Já não era sem tempo.

Não quis avançar muito no nome do colégio em que Paulo e Rafaela estudavam, mas, frequentemente, os mais velhos de Curitiba dizem que ricos e pobres estudavam em escolas públicas – e o Colégio Estadual, possivelmente, era a melhor instituição de ensino de Curitiba.

Os dois se conheceram no colégio mesmo, já que era comum os rapazes passarem por lá no final da tarde, no horário da saída, para travar conhecimento com as meninas. Paulo raramente ia nessas visitas – a vida social dos seus pais lhe permitia o conhecimento de várias garotas bonitas e de boa família –, mas seus amigos às vezes insistiam e ele acabava presente em tais investidas.

Com a Rafaela foi muito bom: ela era uma pessoa com quem ele se sentiu à vontade logo de cara. Era franca e inteligente e, como diziam, "despachada". Logo que Paulo e os amigos se aproximaram dela e de suas amigas, uma simpatia mútua se estabeleceu. Uma daquelas coisas que acontecem raramente (e que chamam a atenção quando ocorrem) acabou surgindo entre Paulo e dois dos seus amigos, Jurandir e Walter, e Rafaela e duas de suas amigas, Maria Aparecida e Wanda: Maria Aparecida começou a namorar o Walter, a Wanda, o Jurandir e, como sabemos, o Paulo, a Rafaela.

Soluçãozinha chinfrim essa, hein? Mas não se preocupe, isso não terá a menor importância no decorrer da narrativa.

Outro comentário adicional: Jurandir é um nome que eu jamais imaginaria para uma história contemporânea. Wanda também não, provavelmente. Mas tanto Wanda e quanto Jurandir são conhecidos dos meus pais, imagino que não fossem nomes tão incomuns assim.

As famílias respectivas gostaram muito de Paulo e Rafaela: não só ela era expansiva, ela sabia ser expansiva: era educada e gentil; tinha o dom, como se dizia, de "se colocar". Era bonita, loira, mas um pouco acima do peso para o gosto de Paulo, que preferia moças mais magrinhas. De todo modo, Rafaela estava longe de ser considerada gorda para os padrões dos anos 50. A menina, enfim, só tinha pontos positivos.

No verão de 54, Paulo, seus irmãos e seus pais estavam tomando sol em Caiobá quando chegaram algumas pessoas desconhecidas: uma senhora aparentemente com pouco mais de trinta anos, com duas filhas e dois filhos, típicos farofeiros. Estavam esbaforidos, cansados, agitados. A senhora colocou a toalha de piquenique na areia, enquanto os – presumidos – filhos iam correndo para a água. A senhora estava se sentindo mal, visivelmente.

A mãe de Paulo, Marina, era uma das pessoas mais gentis e educadas que Paulo conhecia, e não havia realmente nenhum favor nisso pelo fato de ela ser sua mãe: Marina era de uma educação rara com empregados, filhos, parentes; era elogiada com sinceridade por, basicamente, todos que a conheciam.

Paulo, claro, idolatrava-a.

Será que Marina é um nome muito recente? Bem, tem a música de Dorival Caymmi. Então, fica Marina mesmo.

Marina chegou perto de Marisa, a senhora, que estava passando mal, e perguntou-lhe se ela precisava de ajuda.

Marina, Marisa, que saco.

Marisa agradeceu. Estava ofegante, mas achava que apenas um pouco de água (que ela tinha) e algum descanso iriam acalmá-la. Marina não aceitou a recusa, e como Marisa não tinha guarda-sol, que ela fosse para baixo do deles enquanto os filhos não chegavam.

— Vocês têm certeza que não vou incomodar?

— Claro que não vai.

Tinha uma cadeira sobressalente com os Moreira (a família de Paulo). Um pouco de sombra, sucos e frutas logo fizeram Marisa se recuperar.

A conversa foi se desenrolando. Marisa tinha vindo com duas irmãs para Matinhos: era a primeira vez que ficavam durante toda a temporada, agora que ela tinha conseguido comprar uma casa em um terreno da Marinha – uma história burocraticamente complicada. Marisa e as irmãs, Ester e Thereza, ambas solteiras, eram professoras do ensino público e estavam aproveitando a praia durante os três meses de férias de verão. O marido de Marisa e pai das crianças, Rodrigo, era operário e ficara trabalhando em Curitiba.

Essa história das férias na praia, como muitas outras aqui, eu aproveitei das que minha mãe me conta sobre a juventude dela.

Era a primeira vez que Marisa e os filhos iam para Caiobá. Desde o início das férias, Raul e Joaquim – os gêmeos do meio, com dez anos de idade – já queriam fazer a verdadeira aventura que era ir a pé até à "região rica" de Matinhos. Maria, de doze anos, tinha vontade de ir também, mas tinha também um pouco de receio. Ela era um tanto medrosa a respeito de tudo. Cássio, o menorzinho, com sete anos de idade, achava que um pouco de agitação não lhe cairia mal.

Paulo ficou embasbacado com a beleza de Marisa: morena, com lábios grossos e traços firmes, parecia ter bem menos idade que os trinta e quatro anos que dizia ter. E era mais magra que Rafaela – sua noiva tinha viajado com os pais para Paris, por isso não estava presente na cena descrita. Mais do que isso, Marisa tinha tipo físico e idade semelhantes ao de sua prostituta preferida.

Estava difícil segurar a ereção.

À pergunta de Marisa se a família Moreira conhecia bem Matinhos – claro que conheciam, era a sede do munícipio, iam sempre para lá –, João, irmão de Paulo, não perdeu a oportunidade e disse que, antes do noivado, Paulo sempre ia aos bailes do Lafitte atrás de algum broto.

"Broto" não é uma expressão dos anos 60?

— Ah! Meus filhos são muito novos ainda para irem até lá, mas é capaz que a Maria estreie ainda nesta temporada – respondeu Marisa aos risos.

À pergunta de Marisa se os outros irmãos de Paulo não iam até o Lafitte, a resposta foi um "não" respeitoso, na medida do possível. O fato é que João e Marcos – os dois irmãos de nosso protagonista, ambos mais novos que ele – achavam que aquilo não era lugar para gente de sua classe. Na família, era comum o comentário de que Paulo puxara esse lado "socialista" (dito entre risos) de Marina que, com toda a sinceridade, não via o mundo pelo filtro da posição social – o que a atitude que ela teve com Marisa corrobora.

Marisa, Marina... ruim.

Com Rafaela longe, a ideia de levar Maria para o Lafitte serviu como uma luva aos desejos de Paulo. Ninguém imaginaria que ele tivesse alguma segunda intenção com uma menina de doze anos, cuja simples presença impediria que o objetivo dele ao voltar ao Lafitte fosse paquerar. Mas, como sabemos, seu interesse único era manter contato com a mãe dela. Acabou propondo, na frente de todos:

— Eu posso levar a Maria no Lafitte. Acho que vai ser bom para ela, nas primeiras vezes, ir com um protetor mais velho.

João e Marcos, claro, olharam-se de maneira significativa. Alma de pobre não sai assim de uma hora para outra de dentro de uma pessoa, devem ter pensado ao mesmo tempo. Sem se preocupar com isso, Marina tinha outra preocupação:

— E sua noiva, Paulo, o que acharia disso? – comentou preocupada.

— Ah, mãe, imagina se eu sairia da linha na frente de Maria!

Marina não gostou muito, mas preferiu deixar para depois.

— Pode pegar mal mesmo – Marisa confirmou. – Pode deixar que eu mesma vou com a Maria!

Paulo não poderia deixar a oportunidade passar: sabe-se lá quando teria a oportunidade de ver Marisa de novo?

— As noites aqui têm sido muito entediantes – riu Paulo. – Eu fico com a sua filha, posso lhe ensinar umas danças. Todos vão se divertir e ninguém vai incomodá-la.

— Muito menos você, né? – Marina soltou, sabe-se lá por quê. Aquela história não estava caminhando bem.

— Ora, francamente, mãe. Assim você me ofende! E é óbvio que a dona Marisa vai junto. Só vou fazer companhia para a Maria.

Sua postura firme e, digamos, respeitável, acabou convencendo a todos. De fato, as noites de Paulo estavam muito sem graça sem a Rafaela. Ele saía com os irmãos, gostava deles, mas logo estava em casa novamente. O tédio era uma constante no verão de 54.

Se este livro fosse dividido em capítulos, aqui seria um bom lugar para acabar um. Mas já tem divisões demais, não quero que ele se pareça com um relatório técnico. Eu sou engenheiro e passo boa parte dos meus dias úteis escrevendo relatórios técnicos.

Tudo tem limite.

Combinaram, enfim, que Paulo iria até Matinhos para levar Maria ao Lafitte – se ela quisesse, claro.

Logo a menina estava voltando da água com os irmãos: todos com as mãos murchas, com fome e excitados. Depois das apresentações devidas, Marisa e os filhos foram para sua própria toalha e comeram o frango e a farofa que tinham trazido de Matinhos. Tinham gasosas também. Não era à toa que Marisa tinha passado mal: muita coisa para trazer a pé desde Matinhos. Por sorte, a volta seria mais tranquila, com menos coisa para carregar – e ajudava muito o fato de Paulo ter se oferecido para levá-los, todos, de carro, até sua casa. Isso também permitiria, claro, que ele soubesse onde Marisa morava.

A casa dos Silva ficava, como dissemos, num terreno da Marinha em Matinhos, próximo de onde os pescadores deixavam seus barcos. Era na frente de um mangue razoavelmente grande – Marisa, as irmãs e os filhos iam para a praia nas proximidades, num local reconhecido pelos frequentadores como "o melhor banho de mar do litoral paranaense". De fato, ali as ondas não eram praticamente inexistentes, como na Praia Mansa, em Caiobá – onde ocorreram os acontecimentos apresentados anteriormente – nem fortes demais, como na Praia Brava, que liga Matinhos a Caiobá.

Família Silva, francamente.

Mas a casa que pertencia à Marinha, com um mangue enorme na frente (que eu cheguei a conhecer, bem criança ainda, antes de ser totalmente aterrado) e a descrição das praias da região é baseada na realidade.

Na hora da despedida, Paulo reforçou o oferecimento para ir no dia seguinte pegar Maria para que ambos fossem juntos ao Lafitte.

Ao entrarem em casa, Maria queria saber quem era aquele sujeito, afinal de contas. "Filho do dono do maior jornal da cidade", respondeu Marisa.

— Mas você não diz para eu não sair com desconhecidos?

— Eu vou junto, vou ficar olhando vocês dois. E depois, de desconhecido ele não tem nada. A cidade inteira o conhece.

Será que uma professora dos anos 50 falava "a cidade inteira o conhece" ou "a cidade inteira conhece ele", como quase todo o mundo fala hoje em dia?

Maria achou aquela história toda muito estranha. Além de medrosa, como já comentamos, sempre fora uma menina desconfiada. Já tinha vontade de ir a bailes, mas acompanhar um homem dez anos mais velho, que ela não conhecia ainda por cima, não era bem o que ela tinha em mente.

Como se vê, tinha mais gente achando aquela história estranha.

Marisa, Maria, Marina: não sei como não me confundo com esses nomes que inventei. Espero que você, que me lê, também não se confunda.

Enfim, este seria mais um bom momento para acabar o capítulo: ele seria, claro, curto.

Quem sabe não fosse melhor se este livro fosse escrito em capítulos curtos, como os de Machado de Assim?

Mas está bom assim, deixa.

O fato é que, surpreendentemente para Maria, a sua primeira noite no Lafitte foi muito divertida. Paulo conhecia muita gente por lá, das temporadas em que frequentou o lugar, e ela se achou protegida ao lado daquele homem importante. Ela era mais nova do que quase todos no lugar – e, ainda por cima, mirradinha, parecia ter ainda menos idade do que tinha de fato. Quando perguntado de onde conhecia a jovem que o acompanhava, Paulo respondia a verdade: da praia. Maria precisava de uma companhia mais velha nos primeiros bailes de sua vida, acrescentava.

Maria costumava treinar dança com o pai, Rodrigo, em casa – ele era, como se dizia, "um dançarino de mão cheia", e tinha o maior gosto em ensinar à filha ritmos como a valsa, o samba e o bolero. Paulo também sabia dançar bem – era um legítimo "pé de valsa". E, assim, o que parecia uma coisa meio obscena – o ricaço levando a menininha para seu primeiro baile – foi ficando aos poucos aceitável.

"Dançarino de mão cheia", "pé de valsa": horrendo.

No dia seguinte não haveria nada no Lafitte e Paulo ficou em casa à noite. Lembrou, é claro, de Marisa: ela estava deslumbrante no baile. Encontrara uma amiga por lá e ficara a noite inteira conversando com ela na mesa que Paulo tinha comprado. No fim, acabou sendo uma ótima noite para ela também, até porque ele tinha feito questão de pagar tudo: Marisa bebia pouco, mas, graças à champanhe de graça, acabou ficando um pouco alta à medida que a noite passava. Nada que a fizesse comportar-se de modo vexaminoso. Secretamente, claro, Paulo queria que ela perdesse o controle. Mas como fazer?

Alguns de seus amigos tinham casos com mulheres casadas, mas normalmente eram conhecidas por darem para todo o mundo. Não parecia nada assim tão difícil de conseguir no caso deles. Paulo, por outro lado, nunca tinha tido um relacionamento desses, não sabia nem como fazer. Por mais excitado que a presença dela o deixasse – sim, teve uma ereção de verdade durante o pouco tempo em que conversaram a sós no baile, sentados na mesa, quando Maria foi ao banheiro e a amiga de Marisa já tinha ido embora – ele não sabia como dar o próximo passo. Ela era casada, afinal de contas.

De todo modo, iria novamente até o Lafitte com Marisa e Maria no dia seguinte, e então veria o que faria.

Já ouvi papos sobre mulheres casadas daquela época que traíam o marido quase que abertamente, e não só em Nelson Rodrigues. De todo modo, não sei se a solução que encontrei no parágrafo acima ficou muito realista, em termos de comportamento dos anos 54.

De fato, continuar indo ao Lafitte com Marisa nos poucos dias em que ainda estaria na praia era algo para lá de excitante para Paulo. Sua família, que não dera inicialmente grande apoio à sua invenção, agora não via nada de assim tão perigoso no arranjo que ele havia criado, e não iria incomodá-lo. Seus irmãos faziam brincadeirinhas sobre o "papa anjo" que ele era, ao que Paulo respondia que, se tivessem dúvidas, era só perguntar para a dona Marisa que tipo de "papa anjo" ele era. Mas nada que o incomodasse muito. Paulo só precisava se distrair um pouco, lembrar-se da juventude – era o que os familiares pensavam a respeito de sua aventura no Lafitte.

Paulo só precisava mesmo era de Marisa, mas isso ninguém, fora ele, sabia.

Mais um final de capítulo presumido. Esses finais que não são finais já estão me enchendo a paciência.

No dia seguinte, conforme combinado, Paulo chegou à casa de veraneio dos Silva, e Marisa atendeu sozinha em casa. Suas irmãs e seus filhos tiveram que voltar no dia anterior para Curitiba; Rodrigo viera pegá-los.

— Mas o que aconteceu?

— Ele estava de folga ontem e hoje porque terá que trabalhar no fim de semana, que era a data marcada para todos voltarem para casa.

O patrão de Rodrigo tinha lhe emprestado seu caminhão para levar e trazer a família para a praia. Coisas que às vezes acontecem com empregados de confiança.

Tinha sido uma aventura para todos passar horas e horas num caminhão para chegar em Matinhos. As crianças ficaram agitadas, Maria, assustada, e Marisa e as irmãs, enjoadas. Se bem que, se tivessem vindo de ônibus, a coisa não seria muito melhor: a estrada de Curitiba a Matinhos era péssima.

Horas e horas para chegar na praia, numa estrada horrível: mais uma informação que peguei com a minha mãe.

— E você, por que ficou?

— Tinha que resolver uns problemas na Prefeitura. Vou lá amanhã. Se eu fosse para Curitiba iria me complicar muito a vida...

E ficou muda, olhando bem fundo nos olhos dele. Paulo se arrepiou. Seria o momento tão aguardado vindo assim, tão rapidamente? Não sabia o que fazer:

— Bem, que pena que não vamos ao baile então...

Mais uma expectativa, uma tensão. Se esta fosse uma novela de televisão, agora era a deixa para as cenas dos próximos capítulos.

— Mas entre, tome um café.

— Tem certeza de que não vou incomodar?

— Deixe de ser bobo.

A casa de veraneio dos Silva era meio retirada, não havia por que se preocupar com os vizinhos, pelo menos. Paulo estava louco para ter um caso com Marisa, como sabemos, e, na hora em que isso poderia acontecer, a primeira coisa em que ele pensa é no escândalo: o que um homem rico e importante como ele iria fazer na casa de praia de uma professora primária casada, sozinha em casa, no início da noite? Não iria pegar bem para Dona Marina.

Muito menos para ele.

Além disso, conforme comentamos, ele nunca tinha tido um caso com uma mulher casada. Quem sabe a preocupação com os vizinhos fosse a maneira de disfarçar o medo que estava sentindo.

Nunca é demais repetir que Marisa é a mãe de Maria e a mulher com quem Paulo quer ter um caso. Já Marina é a mãe de Paulo. Esta solução de nomes, por mais infeliz que tenha sido, está começando a me divertir.

— Não sei, a senhora está sozinha em casa...

Marisa voltou a olhar fundo nos olhos dele. Ele sentiu um arrepio que começou no peito e acabou no sexo. Será que a atração entre os dois era recíproca?

— Você que sabe. Foi convidado... – Marisa já sabia que tinha ganhado a parada.

Paulo entrou. Marisa, que parecia estar rebolando mais do que o normal, foi fazer um café. Ela não tinha um quadril grande. Seu vestido escondia as formas, que ele viu quando ela estava de maiô na praia. E elas o deixavam maluco. Do mesmo modo, seus seios também não eram proeminentes. Ela era toda longilínea. Marisa tinha exatamente o corpo de sua prostituta preferida.

Ele já estava ficando tonto.

Não ficou muito boa esta última frase, reconheço. Em minha defesa posso dizer que a tontura masculina nos tem acompanhado ao longo dos séculos.

Paulo estava esperando Marisa trazer o café no sofá da sala. Ela trouxe duas xícaras e ficou muda um tempo, olhando para o nada. Então disparou:

— Eu vi o jeito que você ficou me olhando, o tempo todo. Na praia, no baile...

Paulo ficou sem ação. Sim, olhou para ela, mas não foi o tempo todo. Na praia ele estava com a família, teve de disfarçar. No baile, enquanto dançava com Maria, realmente não tirava os olhos de Marisa, mas ele achava que ninguém tinha reparado. Sem saber o que fazer, Paulo falou:

— Você é mesmo uma mulher muito bonita...

Bem, se esta foi uma deixa da parte dela, era obrigação dele tomar uma atitude.

— Obrigada...

E ficou muda novamente.

Ainda sem saber como agir, Paulo disparou:

— E você me aceita aqui na sua casa? Não teve medo de alguma atitude desagradável minha?

— Ora, você jamais iria fazer algo que eu não quisesse. Conheço os homens.

"Essa Marisa é ousada", pensou Paulo.

Minha tentativa de fazer um personagem pensar com a cabeça de um homem dos anos 1950.

— Pena que eu ainda não conhecesse os homens quando casei com o Rodrigo. Ele não é mau, mas não me dá a atenção que eu preciso...

— Não sei se entendi...

— Ele é broxa.

Paulo não sabia como dar o próximo passo. Quem sabe não precisasse, afinal, dar o próximo passo. Ela estava se declarando para ele. Ficou em silêncio, ela também.

Quem sabe aquelas leituras de Nelson Rodrigues não tenham sido tão em vão, no final de contas.

Ela começou a passar a mão na perna dele. Nem em sonhos ele achava que tudo seria tão fácil.

Mais um final de capítulo etc. etc. etc.

Já em casa, naquela noite, Paulo não conseguia dormir. Tinha acabado de ter o melhor sexo de sua vida.

Na hora de ir embora da casa de Marisa, ele não soubera o que falar. E nem precisava. Sempre tomando a iniciativa, ela lhe passou o seu endereço, no Ahú; telefone, ela não tinha em casa. Mesmo assim, ele poderia ligar para o bar ao lado da casa dela e deixar recado.

Meus avós também tinham um bar ao lado de casa.

Ele ficou tentado a passar o telefone dele para ela, mas uma mulher casada ligando para ele do nada é tudo o que ele não queria. A vida com prostitutas era tão mais fácil. Vai que Marisa era maluca e iria atrás dele? E o escândalo?

Esse é o tipo de preocupação que acabou surgindo para Paulo enquanto ele pensava naqueles estranhos – e excitantes – acontecimentos. Realmente, se ela fosse maluca ela poderia ir atrás dele mesmo sem que ele lhe passasse o telefone. Boa parte da população de Curitiba conhecia a família dele, conforme comentamos, e não seria muito difícil para ela encontrá-lo.

Mas o corpo dela, as coisas que ela sabia fazer... Ela tinha lhe dito que "conhecia os homens" ... Devia ser uma daquelas mulheres casadas com as quais os amigos transavam...

De todo modo, muito do que aconteceu não fazia muito sentido quando Paulo pensava no caso: se Rodrigo era impotente, como Marisa tinha quatro filhos tão parecidos? Se fosse o caso de cada um ser de um pai diferente, possivelmente eles fossem mais diferentes entre si. Por outro lado, todos eles poderiam ser de um mesmo pai, que não Rodrigo. E, obviamente, a impotência dele poderia ser recente. Por outro lado, essa poderia ter sido apenas uma história inventada por Marisa para acelerar o processo de levar Paulo para a cama – hipótese que meio que o apavorava, pela estranheza e ousadia.

Além de tudo isso, a volta dos familiares dela para Curitiba antes da hora era, também, estranha. Ela pode perfeitamente ter mandado as irmãs e os filhos para outro lugar e tê-lo esperado sozinha em casa. Essa seria apenas uma arapuca em que Paulo caiu... feliz da vida, diga-se.

Esse "feliz da vida" tentou dar uma cor local à coisa toda.

Ela tinha lhe dito que ficaria mais uma noite em Matinhos. Era o caso de arriscar? Ele iria lá à noite – não tinham combinado nada para o dia seguinte – e veria se Marisa estava sozinha. Essa ida responderia a duas perguntas: ele poderia saber se ela tinha lhe contado a verdade – pelo menos, no sentido de ficar sozinha em Matinhos na noite seguinte. E, claro, aliviar a excitação que estava sentindo.

O corpo dela, sem o maiô, era ainda mais deslumbrante do que imaginara: coxas e seios firmes, pés e mãos bonitos... e aquele olhar firme e duro que deixou Paulo completamente sem ação quando ela se "revelou" na casa dela. Ela parecia o tipo de mulher que fazia os homens lhe obedecerem sempre, fosse lá a ocasião.

Mulheres dominadoras... Ficou meio vulgar isso aqui.

Não falara com ninguém quando chegara em casa à noite depois de fazer sexo com Marisa: diria mais tarde a seus familiares que o baile tinha sido semelhante ao da noite anterior. Pronto. E iria novamente ao "baile" na noite seguinte. Ninguém em casa desconfiaria de nada.

Dormiu um pouco depois de ter o dia seguinte planejado.

Pela manhã estava inquieto, distraído. Os irmãos, claro, não perderam a oportunidade e lhe perguntaram se estava apaixonado por Maria. A resposta de Paulo, negativa, óbvio, deixou transparecer uma tristeza que ele não queria que ninguém percebesse.

Mas era final de férias, ninguém estava muito animado com nada, a coisa ficou na conta de alguma bebida a mais que Paulo teria tomado na noite anterior.

Depois do almoço, Paulo passou a tarde dormindo.

Acordou, tomou um banho e foi de carro até Matinhos. Estava com medo de encontrar a casa de Marisa cheia, o que mostraria que ela tinha inventado uma história sórdida para ir para cama com ele; caso estivesse sozinha, parte da história que ela contou tinha grandes chances de ser, afinal, verdade, mas isso não resolveria o assunto da suposta impotência do marido.

E, afinal de contas, um marido impotente justifica a traição por parte da esposa?

Paulo tentava evitar, como se pode perceber, pensar no aspecto moral do que tinha feito com Marisa.

É claro que certos aspectos da humanidade não se modificam com o passar do tempo – é só ler Homero para saber do que estou falando.

De todo modo, como funcionava o aspecto moral de uma sociedade machista como era a brasileira dos anos 1950?

Igual à de hoje certamente não era, mas, por outro lado, são muitas as pessoas vivendo hoje, e outras tantas que viviam naquela época. Meus estudos de estatística me fazem olhar esse tipo de questionamento um pouco com desconfiança. As generalizações podem induzir ao erro.

Enfim, foi até Matinhos e bateu na porta da casa de Marisa. Nada. Nenhuma resposta. Bateu de novo, e de novo. Já estava voltando para o carro quando ouviu um grito:

— Paulo!!!

Virou-se. Era Marisa.

— Desculpe, estava dormindo. Não ouvi você bater. Quer entrar?

Entrou.

— Vou te servir um café.

Ficou esperando Marisa, estressado, ansioso. Ela estava com cara de sono mesmo.

— Foi complicado na Prefeitura hoje. Ainda bem que deu tudo certo. Nosso terreno é da Marinha, sempre tem uma burocracia para a renovação da licença.

Acabado o café, Paulo colocou a mão na perna dela. Ela negou a investida:

— Não, desculpe, acho melhor não repetirmos o que fizemos ontem. Não estava te esperando, não estou preparada. Não achava que você iria me procurar de novo. É melhor acabarmos com tudo por aqui. Os dois temos muito a perder... Não sei onde estava com a cabeça ontem. Desculpe, não me procure mais.

As palavras dela atingiram Paulo, como se pode imaginar, violentamente. Ficou sem ação.

Ficar sem ação parece ser a especialidade de Paulo, pelo visto.

— Bem, então acho melhor ir embora...

— É melhor mesmo. Desculpe, mas não dá para continuar.

Voltou para casa completamente perdido. O que Marisa queria com isso? Ontem ela era uma pessoa, hoje outra. Será que ele tinha feito alguma coisa errada? Na cama provavelmente não foi. Será que ela queria apenas deixá-lo desse jeito que ficou?

Não conseguia entender o que estava acontecendo.

Chegando em casa, inventou uma desculpa (Maria tinha passado mal) para justificar sua chegada tão antes da hora.

Era sexta-feira, domingo todos voltariam para Curitiba.

É claro que a noite inesquecível de amor com Marisa ficou ainda por muito tempo na memória de Paulo. Mas o dia a dia – tinha começado a fazer estágio no jornal do pai, estava no quarto ano de direito na UFPR –, o noivado com Rafaela, seus amigos, suas aventuras com prostitutas, acabaram tomando conta do seu tempo e da sua mente, e ele acabou por esquecê-la.

Não, não jogou fora nem o endereço nem o telefone do bar ao lado da casa de Marisa. Quem sabe pegasse coragem e aparecesse por lá. Mas esse dia não chegava e, aos poucos, Paulo foi se esquecendo do assunto.

De novo a falta de ação de Paulo. Mas, nesse caso, convenhamos, era o melhor a fazer mesmo. Marisa parecia maluca.

Passaram-se seis anos do verão de 54, Paulo já estava formado, casado com Rafaela e trabalhando no jornal como assistente do pai. A sua sala já era a descrita no início deste livro.

A secretária bate em sua porta e o chama:

— Doutor Paulo, uma senhora chamada Marisa quer falar com o senhor. É particular.

Paulo teve um arrepio. O que essa mulher queria depois de tanto tempo? Num ataque de paranoia, Paulo já estava pensando que Marisa tinha tido um outro filho, concebido numa relação sexual com ele naquele verão de 54. Será que ela estava no período fértil e resolveu armar aquela arapuca para ter um filho com um pai rico?

Ainda não havia teste de DNA nem, possivelmente, as leis atuais sobre pensão para os filhos. Mesmo assim não havia por que Paulo não temer um filho não desejado com Marisa.

— Pode deixá-la entrar.

Marisa entrou na sala. Continuava deslumbrante. Seu corpo praticamente não tinha se modificado e o vestido que estava usando caía bem nela – ela jamais parecera tão sexy para ele.

— Doutor Paulo, lembra-se de mim?

— Lembro, claro.

— Também me lembro do senhor...

— O que a traz aqui?

Mais um momento de "cenas dos próximos capítulos".

É engraçado perceber que, à medida que o livro transcorre, vou perdendo a vergonha na cara e deixando o negócio correr. Por exemplo, não entendo nada de carros e menos ainda de carros dos anos 50. Cheguei a pensar em fazer alguma pesquisa sobre carros de gente rica nos anos 50, mas "carro" já resolve o problema. Em "Meu destino é pecar", de Nelson Rodrigues, um carro é só um carro.

Aqui também.

— Doutor, você sabe que nós temos poucos recursos...

Ela fez uma pequena pausa. Será que agora vinha a bomba? Que ele era o pai de um filho de Marisa?

— ... e agora a Maria já fez dezoito anos, gostaria de saber se o senhor poderia lhe dar um emprego. Ela sempre foi a melhor aluna da turma, tenho certeza de que o senhor não vai se arrepender de empregá-la aqui nas organizações...

"Organizações" é outro termo genérico. A organização do jornal do pai da Paulo tinha também uma emissora de rádio? Já estávamos em 1960, será que ele também tinha uma emissora de TV?

Isso não importa, acho. Em novelas de televisão ou em literatura de modo geral, frequentemente termos como "Organizações" ou "Indústria" entram no enredo apenas para isso mesmo: como um gancho para a história a ser contada.

Paulo esperava tudo, menos isso. Enfim, vamos continuar a entrevista, pensou.

— Quais são as qualificações dela?

— Ela acabou de fazer o curso de datilografia, doutor. Mas ela pode fazer qualquer coisa aqui.

Qualquer coisa, Paulo pensou consigo mesmo. Será que ficaria na limpeza? – perguntou-se com amargura.

— Eu posso conversar com meu pai e, se tiver alguma vaga, posso entrevistá-la sim.

— Obrigada, doutor.

— De nada. Você tem algum telefone para o qual nós possamos entrar em contato?

— Agora tenho...

Ela ainda se lembra que me passou o telefone do bar, seis anos atrás, pensou Paulo. Marisa lhe disse o telefone, que ele anotou.

— Muito obrigada.

Estava saindo quando se virou antes de colocar a mão na maçaneta:

— Doutor Paulo, eu preciso me desculpar por aquela noite.

Paulo pensou em ficar em silêncio, mas acabou se decidindo:

— Sente-se novamente, Dona Marisa. Fique à vontade...

Não iria perder a oportunidade. Já estava casado, mas aquela noite no verão de 54 tinha sido efetivamente o melhor sexo de sua vida.

Parece meio exagerado isso, mas não foi apenas o sexo que deve ter marcado tanto Paulo. O mistério, a dúvida, o comportamento estranho dela, tudo manteve a atração que ele sentia por Marisa ao longo dos anos.

O comentário do parágrafo anterior poderia estar na narrativa principal do livro, né? Mas era mais um momento de "final de capítulo", e esses finais falsos já estão dando no saco.

Marisa sentou-se na cadeira e olhou para o chão. Começou a falar, sem olhar nos olhos dele:

Ao contrário do que tinha ocorrido seis anos antes, né? Naquela ocasião, o olhar incisivo de Marisa deixara Paulo hipnotizado, conforme vimos.

— Eu realmente acho que fui, no mínimo, desconsiderada com o senhor. Acabei com um relacionamento que tinha começado tão bonito.

Esta mulher é surpreendente, pensou Paulo. "Bonito" não era um termo comumente utilizado por mulheres em relacionamentos extraconjugais.

— A verdade é que foi tudo de improviso – continuou. – Sei lá o que me deu na cabeça... O Rodrigo nunca foi broxa, graças a Deus, e é um excelente marido em todos os sentidos. Eu tinha que resolver uns problemas na Prefeitura de Matinhos, já que o terreno está no meu nome, por mais que seja de posse real da Marinha. Por isso fiquei sozinha em casa. O Rodrigo queria que eu deixasse para lá, queria que eu voltasse com ele, mas era muito urgente. Ele já estava lá em Matinhos, não fazia sentido ele voltar sem o restante da família para Curitiba... Ele precisava estar aqui na cidade no fim de semana. Minhas irmãs cuidariam das crianças em casa até a minha volta. Assim, além de todos fazerem companhia para o Rodrigo na volta para cá, economizaríamos na passagem de ônibus. Quando penso na quantidade de coincidências que ocorreram para que ficássemos sozinhos naquela noite, eu penso que só podia ser a mão de Deus atuando.

— Pois é...

— Mas o senhor deve estar pensando que foi a mão do diabo, né? – e deu uma risada sem graça. – Desculpe, doutor, devo estar rindo de nervosa...

— Não se incomode.

— Mas, enfim, nem sei se o senhor se lembra daquela noite. Já estou falando demais, acho melhor ir embora.

— Não, por favor, continue.

— O senhor se lembra, então?

O que responder? A verdade completa ele não poderia dizer, não agora. Mas Paulo queria retomar a relação. Ela continuava a magnetizá-lo totalmente.

— Lembro sim.

— Enfim, o senhor pode não acreditar, mas nada naquela noite foi planejado. Quando o senhor chegou em casa, eu não sei o que me deu. Eu ia lhe fazer um café e, quando sentamos, bem, não consegui resistir. Fui direto ao ponto. Sabia que se eu enrolasse muito não teria outra chance. Resolvi experimentar uma relação extraconjugal. Algumas amigas fazem isso e gostam. Quis experimentar. Não preciso nem dizer, o senhor é um homem fino, eu não teria outra oportunidade de ter uma relação extracon-jugal tão... como direi...

— Correta? – agora foi a vez de Paulo rir. O clima estava se desanuviando.

— Acho que sim.

— Depois você se arrependeu?

— Não. Foi muito bom. Exatamente por ter sido muito bom é que não quis mais nada com o senhor. Fiquei com medo. Medo não exatamente naquela noite, tanto que lhe passei o telefone e meu endereço, mas no dia seguinte. Nós dois tínhamos muito a perder. Achei que o senhor não me procuraria mais, o senhor é um homem fino demais para isso...

— Você conhece os homens, então?

— O senhor se lembra de que lhe falei isso?

— Sim.

— Pelo visto foi marcante para o senhor como foi para mim...

Paulo teve vontade de ir até a cadeira onde Marisa estava sentada e beijá-la. Se ainda fosse dono da empresa, riu com ele mesmo.

— Não sei o que dizer.

— Nem precisa.

— ...

— Enfim, preciso falar uma coisa: minha filha precisa muito de um emprego. Muito mesmo.

E, pela primeira vez depois de tantos anos, olhou muito fundo nos olhos de Paulo:

— Eu faria qualquer coisa pelo emprego da minha filha. Estamos em dificuldades financeiras.

— Qualquer coisa mesmo?

— Qualquer coisa, doutor Paulo. Qualquer coisa.

Estou retomando o fio da história depois de praticamente, sei lá, um mês. Nesse meio tempo revisei tudo o que tinha escrito e, na sala de espera de um aeroporto antes de viajar para a Bolívia, escrevi à mão um esquema com os próximos passos desta emocionante história – não, não me lembro do que está lá no caderno.

Mas nem é por isso que resolvi fazer este comentário um pouco mais longo: na verdade, agora acho meio injusto o que tinha escrito sobre Nelson Rodrigues, principalmente sem ter lido nenhuma peça de teatro dele. Enfim, nesta mesma viagem para a Bolívia li três peças do dramaturgo, "A mulher sem pecado", "Vestido de noiva" e "Valsa n. 6". A minha preferida, por ser a de linguagem mais direta, foi "A mulher sem pecado" – que conta a história de um aleijado com ciúme doentio da mulher. O monólogo de uma menina falecida, "Valsa n. 6", é interessante, mas mais parece bom do que é na realidade. Com toda a sofisticação da montagem (palco em três planos: "alucinação", "memória" e "realidade"), "Vestido de Noiva" me pareceu uma peça interessante para ser assistida, mas nem tão profunda assim em termos psicológicos – e olha que meu exemplar é o das "peças psicológicas" do dramaturgo.

De todo modo, pensando em tantas pessoas aparentemente (mas só aparentemente) "sofisticadas" e "do bem" que existem por aí, começo a entender a atração de Luiz Felipe Pondé por Nelson Rodrigues: concentrando-se no que há de mais mesquinho na alma humana – o ciúme, o ódio, a inveja –, o dramaturgo demole qualquer ilusão que algum "inteligentinho" (termo caro a Pondé) possa ter a respeito da evolução ética do ser humano. Mas, sei lá, para ser grande literatura ainda falta um tanto para Nelson Rodrigues.

De todo modo, um trecho que me deixou impressionado com "Vestido de noiva" foi o seguinte:

"Pedro Moreira, Gastão dos Passos Costa, senhora e filha, Cármen dos Passos, Eduardo Silva e senhora (ausentes), [...]"

As famílias principais de "Vestido de noiva" são os Moreira e os Passos. Moreira é a família do Paulo, como vimos acima, e Passos é a família de Jorge, personagem principal de outra novela minha, "Conversão". No trecho acima ainda é citada a família Silva que, como sabemos, é a família de Marisa e Maria.

Não, eu não sabia de nada disso (li "Vestido de noiva" há tempo demais, conforme comentei anteriormente) quando batizei meus personagens.

Enfim, vamos retomar a história. Estou com o caderno com as anotações para os próximos passos do enredo, escritas na sala de espera do aeroporto, aqui do meu lado, na mesa.

Novamente, Marisa colocava Paulo Moreira contra a parede. Novamente, ele só tinha uma coisa em mente: teria que fazer sexo com ela de qualquer jeito. Ele não sabia raciocinar direito quando ela o colocava contra a parede.

— Qualquer coisa mesmo?

— Já falei, doutor, qualquer coisa.

— Enfim, Marisa, eu nunca me esqueci daquela noite em Matinhos...

— Sério?

— Sério, Marisa. Nunca me esqueci. Você mexe comigo.

— Bem, o senhor foi meu único caso extraconjugal. Obviamente que não pude me esquecer do senhor...

Paulo estava irritado. A conversa estava indo por um caminho que ele odiava e amava ao mesmo tempo.

— Enfim, eu gostaria de fazer de novo o que fizemos há seis anos...

— Eu também...

– Só para conseguir o emprego da sua filha ou por que está a fim mesmo?

— Não sei responder, doutor.

— Suponha que sua filha não precisasse do emprego, você faria de novo comigo?

— Ah, doutor...

Ele estava se sentindo mal, moralmente. Mas, não esqueçamos, ele gostava de prostitutas (continuava usando os serviços delas depois de casado, embora com muito menos frequência), poderia simplesmente enganar a si mesmo e justificar a coisa toda pelo ângulo da prostituição. Mas isso estava longe de ser verdade: qualquer outra mulher que viesse com a mesma conversa de Marisa ele expulsaria de sua sala. Ele tinha isso muito claro na sua mente: prostitutas são anônimas e mães de família (e mãe de uma futura funcionária sua, ainda por cima) não.

— Eu tenho um apartamento pequeno aqui perto, aonde vou para dar uma dormida quando estou muito cansado. Frequentemente trabalho de madrugada, às vezes nem volto para casa.

O marido de uma tia de minha mulher, que faleceu poucos dias antes de eu conhecer a Valéria, trabalhava num jornal e ficava de madrugada trabalhando, pelo que essa tia me diz.

Quando me veio a ideia de escrever este livro fui atrás de algumas informações sobre a imprensa de maneira geral, com pesquisas na internet e tal. Li o livro "O que é jornalismo?", do grande Clóvis Rossi, da coleção Primeiros Passos, da Brasiliense. O livro discorria sobre algumas coisas específicas sobre jornais, que eu achava que iria aproveitar aqui. Mas, como eu comentei anteriormente, não sei se preciso ser tão específico: um jornal é um jornal – e para mim interessa mais saber que Paulo trabalhava de madrugada com alguma frequência: seu jornal precisava sair pela manhã.

Como filho do dono, claro, ele devia ter uma liberdade de movimentos maior. Mas não acho nada absurdo ele ter um apartamentinho ali do lado do escritório para dar uma espairecida. Não, ele não levava mulheres para lá, como veremos.

Não quero retomar a história antes de comentar que o livro de Clóvis Rossi foi publicado em 1980, no início do fim da ditadura militar. Ele comenta com profundidade sobre a responsabilidade do jornalista naqueles momentos difíceis – responsabilidade esta que, creio eu, Clóvis Rossi continua tendo até hoje, na "Folha".

Escreveu o endereço num papel e passou para ela.

— Te espero amanhã, às nove da noite. Depois a gente vê o que faz a respeito da sua filha.

— O senhor deve entender que é um horário ruim para mim, doutor...

— Que horas fica melhor?

— Não, não tem problema. Eu invento uma desculpa qualquer e venho. Até amanhã então.

Mais um final de capítulo etc. etc.

No dia seguinte, Paulo estava esperando Marisa quando ela apertou a campainha. Pontualmente às nove.

— Conseguiu vir... Que desculpa você inventou?

— Falei que precisava cuidar dos filhos pequenos de uma amiga, que ia ao teatro.

— E sua amiga, confirmou?

— Claro. Ela sabe tudo sobre mim.

— E o que ela achou de você vir aqui?

— Ficou com inveja. Falou que não perderia a oportunidade, se fosse eu. E que eu não deveria ter te dado o fora em 1954.

— Essa sua amiga te conhece há quanto tempo?

— Somos amigas de infância. Ela morou no Ahú até se casar. Agora está no Portão. Ela vai passar aqui às onze horas pra me levar para casa.

E agora? Mulheres dirigiam sozinhas em 1960? Esta aqui vai dirigir.

— E o marido dela, o que acha desse seu arranjo?

— Ela é viúva, doutor.

Opa, essa viuvez veio em boa hora.

— Sinto muito. Tem filhos?

— Tem sim. Ficaram com a mãe dela, que mora com ela.

— E o que a mãe dela acha de ela sair assim sozinha de noite?

— O senhor não acha que já perguntou demais?

Começou a tirar a blusa. "Esta será mais uma noite inesquecível", pensou Paulo.

Mais um final de capítulo.

No dia da entrevista de emprego, Maria chegou na sala de Paulo com a expressão assustada de sempre. Seis anos não a tinham modificado muito.

— Sua mãe me falou que você acabou há pouco o curso de datilografia...

— Sim, estou fazendo um curso de taquigrafia agora...

— Que bom, acho que você vai se dar bem aqui nas Organizações. Temos uma vaga para datilógrafa na rádio. Acho que você vai se sair bem.

— Que bom, doutor, obrigado.

Roberto Marinho fundou a TV Globo quando tinha mais de sessenta anos. Minha mãe sempre fala como a rádio era importante na época. Para não inventar já uma história de TV, que eu acho que seria mais complicada, vou fazer a Maria trabalhar na rádio das Organizações.

Fora uma entrevista rápida, Paulo estava nervoso. O jeito amedrontado, aqueles olhos escuros e assustados de Maria não ajudavam. Ele achou que ela devia ser inteligente, mas a conversa não evoluía. Ela concordava com as coisas que ele falava – sobre a responsabilidade do trabalho, sobre o início da rádio, que seu pai tinha fundado apenas dois anos antes – de maneira que parecia convincente e sincera. Mas a coisa empacava.

Paulo, obviamente, estava se sentindo constrangido com a situação que ele mesmo tinha arranjado: além da preocupação de estar fazendo algo *fundamentalmente errado* (trocar um emprego por uma relação sexual), ele tinha o receio de que ela não fosse a pessoa certa para o cargo. Colocar Maria na rádio – que, como se viu, o pai tinha fundado pouco tempo antes – era a melhor solução possível, dadas as circunstâncias, já que ela ficaria longe dos olhares do pai. Mais importante ainda, as Organizações ainda estavam patinando nessa nova empreitada: os patrocinadores não vinham conforme o esperado e estava muito difícil trazer grandes programas do Rio de Janeiro para serem reproduzidos por aqui. Em outras palavras, a rádio ainda "não tinha acontecido", e ninguém culparia uma pobre datilógrafa se a coisa acabasse não dando certo.

Assim, o fato de deixar Maria na rádio – onde Paulo praticamente não punha os pés, já que um de seus irmãos cuidava de lá – já fazia parte da política dele de deixar a filha de Marisa "andar com as próprias pernas": se ela fosse bem, o mérito seria dela; se fosse mal, também. Assim ele deixava o barco correr e não precisava interferir na vida da filha da sua quase amante.

A rádio, como já comentei, era provavelmente o meio de comunicação mais influente dos anos 50 no Brasil. Na história contada aqui estamos em 1960, provavelmente já no fim de uma era. Desse modo, não parece de todo errado indicar que o pai de Paulo não tinha sido exatamente feliz no timing da criação de sua estação de rádio.

Quanto "aos programas do Rio de Janeiro", é um fato conhecido, por exemplo, a rivalidade entre Marlene e Emilinha Borba: minha mãe era partidária de Marlene, o que indica que os programas eram reproduzidos por aqui. Procurando na internet sobre essa rivalidade, vejo que o concurso de "Rainha do Rádio", em que as duas brilharam, teve sua última edição em 1958, o que pode ser um indicativo do erro das "Organizações" em fundar uma rádio naquela época.

O tipo de acaso que me anima.

Depois da segunda noite de sexo entre Paulo e Marisa – a primeira, conforme o exposto, acontecera seis anos antes –, ela lhe pedira para que ele lhe telefonasse assim que tivesse acabado a entrevista com a filha, que ocorreria alguns dias depois. Então, assim que a moça saiu da sala, ele telefonou para Marisa:

— Alô.

— Alô.

— É Marisa?

— Sim, doutor Paulo.

— A sua filha foi aprovada.

— Que bom. Obrigado, doutor.

— De nada.

— Um abraço.

— Outro.

E foi assim a última conversa de Paulo com Marisa em muitos anos.

Na verdade, ele não queria usar a professora apenas para uma noite de sexo: sabemos da atração que ele sentia por ela. De modo que ele tinha sim, a esperança de entabular um relacionamento com Marisa, ao mesmo tempo em que não achava que fosse correto impor-lhe isso, afinal, do jeito que aquela maluca era (era assim que ele se referia a ela mentalmente), ela poderia querê-lo ou não. Se não quisesse, para Paulo tudo era claro: já tinha ido longe demais no uso que tinha feito do corpo dela. Não iria chantageá-la com o emprego da filha para continuar a ter sexo.

Assim que desligou o telefone, sentiu uma sensação ruim: já começava a achar que conhecia bem Marisa e que ela, novamente, não o procuraria de novo.

E acertou.

Ficou um bom tempo obcecado por um sinal dela, um telefonema, uma carta, qualquer coisa: lutava interiormente, com um certo desespero, como costumava acontecer quando sua intuição era contrária aos próprios desejos: ele sentia como que uma parede escura diante de si quando pensava nos sentimentos de Marisa por ele. Mas, como tinha acontecido seis anos antes, a rotina acabou tomando conta de sua vida e Paulo voltou a se dedicar inteiramente ao seu trabalho, à sua família – Rafaela estava grávida de seu primeiro filho – e, por que não, às suas escapadelas esporádicas com prostitutas.

E assim se passaram mais oito anos. Foi em 1968 que Paulo teve aquele sonho intenso com Maria, citado no início do livro: ela já trabalhava na antessala dele e de seu pai havia dois anos e tinha conseguido levar suas duas amigas, Nicole e Amanda, para lá aos poucos: Nicole um ano e Amanda seis meses antes.

O mais engraçado é que Paulo não fizera nada para a ajudar a ascensão profissional de Maria: seus dotes como datilógrafa e taquígrafa, sua compenetração e seriedade, logo a fizeram ser reconhecida por seus superiores, e o caminho para ser secretária do chefe das Organizações acabou sendo suave, sem percalços. O pai de Paulo um dia lhe comunicou:

— Aquela moça que você contratou há uns anos, a Maria Silva, vai trabalhar aqui com a gente, que tal?

— Acho ótimo, claro. – Paulo sabia, meio por cima, já que evitava até ter notícias da filha de Marisa, do sucesso que Maria estava tendo lá na rádio. Mesmo assim, ele se surpreendeu com a novidade.

— Maria vai ser a terceira secretária aqui. Vamos colocar uma mesa nova para ela na antessala.

Eles só tinham duas secretárias, na época: o local era amplo, uma mesa a mais não causaria grandes transtornos.

Um ano depois, uma das secretárias acabou sendo despedida por motivos que Paulo não entendeu direito – tinha algo a ver com um escândalo abafado, mas foi seu pai que tomou todas as providências e ele acabou ficando sem saber de nada. A mania que seu pai tinha de lhe esconder certos assuntos irritava profundamente Paulo – mesmo assim, por mais que essa solução o deixasse insatisfeito, sempre acabava tomando o caminho que representasse o menor conflito com o pai. Para o lugar da secretária despedida Maria sugeriu, como vimos, sua amiga Nicole, que trabalhara com ela na rádio.

Seis meses depois, a outra secretária original se aposentou, e Maria indicou Amanda, uma amiga de infância que trabalhava como secretária de um médico bem conhecido na cidade.

O ano de 1966 não representou apenas a ida de Maria para trabalhar na antessala de Paulo: foi quando ele, casado, com 34 anos e quatro filhos (todos homens), finalmente atingiu seu objetivo intermitente e intenso de tanto tempo: tornar-se amante de Marisa.

O relacionamento entre os dois começou de maneira novelesca (como outras coisas nesta história, algum leitor cínico dirá). Aconteceu assim: Marisa ficara viúva, seu marido falecera num acidente de carro pouco tempo depois de Maria começar a trabalhar com Paulo. Este, é forçoso dizer, teve esperança – da qual se envergonhava um pouco, é verdade – de se aproveitar da possível fragilidade de Marisa e, finalmente, ter um relacionamento extraconjugal bem estabelecido com ela.

Tanto Paulo como seu pai foram dar uma passada no velório do pai da nova secretária: Maria estava inconsolável, como se pode imaginar – Rodrigo era, de fato, um ótimo pai –, e sua mãe tentava manter uma postura mais serena.

Assim que chegou, Paulo abraçou Marisa e lhe disse:

— Conte comigo para o que precisar.

— Obrigada, doutor.

Foi quando Paulo respirou fundo e tomou a atitude ensaiada desde que soubera da morte do marido de Marisa: olhou bem no fundo dos olhos dela e reforçou o recado:

— Para o que precisar *mesmo*.

Ela pareceu ter fisgado a isca. Olhou rapidamente nos olhos dele, baixou a vista e disse:

— Obrigada, doutor. Vou me lembrar disso.

Na segunda vez que os dois tinham feito sexo ela tinha mencionado dificuldades financeiras. Paulo tinha esperança de que ela voltasse com a mesma conversa. Desimpedida, a desculpa das dificuldades financeiras poderia abrir o caminho para que os dois, finalmente, tornassem-se amantes.

Mas – e aqui é preciso ressaltar o caráter, digamos, *romântico* de nosso herói – a esperança maior de Paulo, mesmo, é que Marisa não resistisse aos seus encantos. Que seus dois encontros tivessem sido tão inesquecíveis para ela quanto haviam sido para ele para ele. Que ela simplesmente tivesse esperando todos esses anos, ansiosa, para enviuvar e lhe abrir as pernas.

Dado o comportamento elusivo de Marisa com Paulo, ele mesmo sabia que a sua esperança poderia não corresponder muito aos fatos, de todo modo: era mais realista esperar por dificuldades financeiras – ou mesmo o tédio – por parte dela.

Quanto à perspectiva histórica de "O verão de 54", estamos agora entre os anos de 1966 (ano em que falece o pai de Maria e em que ela começa a trabalhar com Paulo) e 1968, quando o personagem principal deste livro tem o sonho referido na sua frase inicial.

1968 foi o ano em que nasci. Imagino que fique mais fácil, a partir de agora, situar espacial e temporalmente esta história.

Fazendo uma pequena respectiva histórica a respeito das datas em que ocorrem os acontecimentos desta novela: 1954, conforme já comentei, foi o ano da morte de Getúlio Vargas; 1960 (quando Paulo faz sexo com Marisa pela segunda vez), por outro lado, foi um ano pouco lembrado em termos de história do Brasil: Juscelino Kubitschek estava no final de seu governo, um dos mais democráticos até então: nada de muito marcante, portanto. Já 1968 foi um ano especialmente importante, e também trágico, com a decretação do AI-5 em dezembro e a violenta repressão política que se seguiu.

Aqui alguém pode me perguntar, "É quase certo que um dono de jornal importante fosse afetado pela fase mais dura do regime militar, não acha?". Bem, grande parte da sociedade brasileira apoiou não só o Golpe de 64 como as medidas repressivas tomadas após 1968. Mais do que isso, a sociedade de Curitiba é, de modo geral, conservadora.

Isso sem contar que a repressão aqui foi menos violenta que no Chile, Argentina e Uruguai. A "Folha de São Paulo" chamou a ditadura brasileira de ditabranda, foi criticada por isso, mas, fundamentalmente, estava correta.

O que fazer agora? Entre o medo de tomar alguma atitude precipitada e o perigo de perder aquela que poderia ser sua última chance de finalmente ser o amante oficial de Marisa, Paulo acabou tomando uma atitude: resolveu lhe fazer uma visita de condolências. Será que o melhor era esperar a missa de sétimo dia ou ir antes disso? Se fosse antes, era provável que algum parente enxerido estivesse por lá. Se fosse depois, poderia ter passado o *timing*.

Não gosto muito desta palavra, timing. E não é a primeira vez que a utilizo aqui.

Avisar Maria sobre a visita poderia ser uma boa ideia. Mas ela estava trabalhando com ele havia pouco tempo... O que o filho do dono do jornal iria fazer na casa da mãe da secretária? Estranho, para dizer o mínimo.

Iria de uma vez. Se tivesse algum parente enxerido, bem, ele tinha uma justificativa razoável para aparecer por lá: não é a toda hora que uma senhora fica viúva.

Telefonou para Marisa no início da noite. A chance de pegá-la em casa era maior.

— Alô. Aqui é o doutor Paulo.

Pensou em falar só Paulo... Mas uma coisa de cada vez.

— Alô, doutor.

— Estou pensando em lhe fazer uma visita de condolências... A senhora ainda mora na mesma casa?

Ele ainda tinha o endereço de Marisa, obtido muitos anos antes. Ele nunca fora até lá e o fato de ele ainda saber onde ela morava poderia suscitar suspeitas. Mas era exatamente esse tipo de suspeita que ele queria suscitar na cabeça dela.

— Moro sim, doutor. O senhor pode vir quando quiser. Será uma honra. Não estou trabalhando esta semana, como o senhor pode imaginar.

Marisa sempre esperta e fugidia. Se ela parecesse surpresa que ele sabia o endereço dela, poderia abrir a possibilidade de o assunto de seus encontros vir à baila. Se ela marcasse dia e hora, poderia facilitar as coisas para ele – coisa que, como sabemos, ela não costumava fazer – ou dificultar, caso ela convidasse alguém para visitá-la quando ele estivesse lá. E, claro, ter uma reação indignada contra o filho do patrão da sua filha não era uma hipótese a ser levada muito a sério.

O negócio todo parecia um jogo de xadrez.

— Obrigado, Marisa. Amanhã estarei livre à noite. Você tem certeza de que não vou incomodar?

— Claro que não, doutor. Será uma honra.

— Ok, até amanhã então.

Chegaria cedo demais, com a possibilidade de chamar a atenção dos vizinhos e de outros visitantes? Ou bem mais tarde, o que significaria ser realmente inconveniente? Valeria a pena chegar numa hora imprópria e fazer valer a sua condição de patrão de sua filha? E, finalmente, a pergunta que não saía de sua cabeça: avisaria Maria ou não? Decidiu que não.

De fato, Marisa continuava a deixá-lo totalmente inseguro. Ele tinha 34 anos na ocasião, ela 46 – e ele pensava que, em circunstâncias normais, o seu interesse por ela já deveria ter se extinguido: mas o jeito elusivo dela, suas atitudes estranhas, seu jeito frio, acabaram – o que não é assim tão raro de acontecer – por fazê-lo cair numa teia mental da qual não conseguia sair. De mais a mais, ela estava em ótima forma para sua idade.

Paulo chegou às nove da noite no dia seguinte na casa de Marisa. Bateu a campainha, ela abriu a porta – estava arrumada, bem penteada. Sem maquiagem, porque a ocasião impedia. Mas não estava com roupas de ficar em casa.

— Entre, doutor.

— Obrigado.

— Que bom que o senhor veio. Tem sido muito difícil para mim.

Os dois se sentaram no sofá. Ela começou a chorar.

— Rodrigo era um homem maravilhoso, sabe? Bom pai, bom esposo. Não bebia, não saía à noite. Um homem raro.

Tem algum personagem de Dalton Trevisan com tantas qualidades? Deve ter, mas provavelmente é traído pela esposa.

Opa.

Teve um acesso de choro. É claro que Paulo não pôde deixar de se perguntar se a dor tinha algo a ver com algum peso na consciência. Podia ser, afinal, mesmo que ela não traísse Rodrigo com outros homens, só as duas noites que os dois tiveram juntos poderiam pesar na consciência da viúva. Mais do que isso, ela estava na frente dele, o sujeito com quem fez sexo duas vezes quando casada.

Paulo não sabia o que fazer. Seria melhor aproximar-se e tentar se aproveitar do momento de fragilidade, ou ficar quieto, esperando que ela se acalmasse?

Paulo, para variar, sem saber o que fazer com Marisa – não custa acrescentar.

Preferiu ficar quieto.

— Desculpe, doutor, foi tão recente...

— Claro, entendo.

Respirou fundo, os olhos vermelhos, e olhou direto nos olhos dele:

— Sei bem por que você veio aqui, doutor.

"Melhor não negar", Paulo pensou, e preferiu não responder.

— Eu acho que o senhor nunca se esqueceu de mim.

Silêncio, ainda.

— Eu estou envelhecida, doutor. O senhor continua me querendo?

"Me querendo" – isso foi meio vulgar, Paulo pensou. Será que ela é mesmo vulgar? O fato de ele saber tão pouco a respeito dela o irritava.

— O senhor não fala nada? Ou vai dizer que só veio aqui para uma visita de pêsames? A esta hora? Ou veio ver com seus próprios olhos como sua quase amante está velha?

Quase amante: uma mulher que transou com um homem apenas duas vezes em mais de doze anos.

O engraçado é que Paulo não estava muito surpreso. Sua relação para lá de intermitente com Marisa tinha sido sempre assim, afinal de contas: ela tomando iniciativas surpreendentes, ele caindo que nem um patinho.

Iria cair de novo, claro:

— De que adianta negar, né? Nunca me esqueci de você. E você não envelheceu nadinha, continua linda.

Paulo falava a verdade, como vimos. Ele era tão maluco por ela que chegou a pensar, naquela noite, em deixar da mulher para ficar com Marisa. Seria um escândalo, claro, mas no fundo ele achava que seria um preço justo a pagar, caso fosse essa a condição que ela exigisse para ficarem juntos. O que ele não faria para ficar com aquela mulher ainda deslumbrante e elusiva! Sem contar nas qualidades dela na cama.

"Qualidades na cama" é uma expressão vulgar, também.

— Que bom que deixamos as coisas às claras, então. Mas o senhor não perdeu tempo, hein? – E começou a rir.

— Mas é que hoje eu tinha uma desculpa para vir aqui...

— Eu sei, desculpe. Não deveria ter falado isso.

— Mas eu também não deveria ter vindo aqui para uma visita de núpcias com segundas intenções, né?

E foi a vez de Paulo rir. Ela também riu. Os dois riam nervosamente, achando, como era de se esperar, que não era muito correto rir naquela ocasião. Aliás, tudo ali era incorreto – fato que, no fundo, não importava tanto para Paulo. A conversa, afinal, estava indo muito melhor do que ele imaginara.

E agora? Quem tomaria a iniciativa? Paulo preferiu esperar que fosse ela – que era a "dominante" na relação deles. Mas ela não estava a fim, pelo visto. Continuaram em silêncio por um tempo razoável. Até que ele não aguentou:

— Tudo bem, Marisa. Estou indo. Estou às ordens para o que você precisar... E foi se levantando.

— Sente-se, doutor. Fique mais um pouco.

Ela ficou em silêncio, até que falou:

— Então, doutor, não sei o que fazer da minha vida.

Excelente momento para o fim de um capítulo.

Dia desses vi o anúncio da apresentação de "Doroteia", considerada por Ruy Castro a obra-prima de Nelson Rodrigues, aqui em Curitiba. Não tive dúvidas: comprei os ingressos e assisti à peça sexta-feira passada, no Guairinha – não ia lá desde a minha infância, e achei interessante como ele realmente parece o Guairão em miniatura. A peça conta a história de três primas, velhas, de uma família em que as mulheres têm "náusea" na noite de núpcias – que faz com que elas fiquem totalmente castas e não consigam mais ter qualquer tipo de contato sexual com homens dali por diante. Doroteia é outra prima que não teve a "náusea", mas que quer passar a ser casta como o restante das mulheres da família. Em estilo metafórico e impressionante, a peça é um ensaio profundo e avassalador sobre a repressão sexual. A montagem – que reforça a ligação da repressão com o catolicismo, presente de maneira mais sutil no texto de Nelson Rodrigues – é deslumbrante, assim como o desempenho de Letícia Spiller (Doroteia) e de Rosa-maria Murtinho (Dona Flávia, a líder das primas).

Realmente, parece mesmo que Nelson Rodrigues é melhor ao vivo.

Ainda ficaram mais umas semanas sem se falar depois da noite da visita de núpcias. O leitor deve estar se perguntando o que aconteceu, mas não aconteceu nada. Combinaram que não era ainda o momento de decidirem o que quer que fosse. Era melhor esperar um mês, mais ou menos, e então saberiam que rumo tomar.

Então, foi assim: não fizeram planos, não discutiram se havia a possibilidade de Marisa virar amante de Paulo ou não. Depois de Marisa pedir para Paulo para que ele voltasse dali a um mês – no que ele assentiu prontamente –, resolveram mudar de assunto. Eles tinham um tema de conversa em comum, afinal de contas: Marisa estava muito orgulhosa da ascensão profissional de Maria, que havia saído da rádio – que capengava ainda – para ser secretária dos donos das Organizações.

A noite acabou melhor do que tinha começado e Paulo voltou esperançoso. Mais do que isso, percebeu que gostava muito de conversar com Marisa, mesmo sem sexo envolvido: uma mulher inteligente, desenvolta, articulada, segura de si. Um deslumbre.

Um mês depois estava chegando a data em que ele poderia ligar de novo. Ligou:

— Olá, Marisa.

— Olá, doutor.

E não disse mais nada, ficaram alguns instantes em silêncio. O que fazer com essa mulher?

— Bem, Marisa, está tudo bem por aí?

— Vou querer, doutor. Vou querer ser sua amante.

Começou a melhor época da vida de Paulo. Como ele chegava mesmo tarde em casa, não tinha maiores problemas em passar no seu apartamentinho do lado do escritório antes de ir para casa. Ele mandava seu motorista pegar Marisa em casa, que a trazia antes de Paulo chegar. Ela tomava um banho e ficava esperando-o na cama.

Isso aqui está muito Balzac. Sempre quis criar um personagem rico que sustenta uma mulher solteira e pobre num pequeno apartamento de luxo. No caso presente, Marisa continua morando na sua própria casa e não na propriedade de Paulo, não é solteira e, sim, viúva, mas acho que já ficou no clima balzaquiano.

A relação dos dois ia às mil maravilhas. A excitação que ele continuava sentindo por Marisa estava longe de diminuir: aumentava, aliás. Ela parecia gostar muito de fazer amor com ele: não chegava a ser exatamente uma mulher carinhosa, atenciosa, nada disso. Mas se entregava na cama.

"Fazer amor" ... "se entregava na cama". Ai.

Paulo, conforme o leitor já deve ter imaginado dado o seu histórico, queria saber se Marisa realmente gostava dele; queria saber o porquê de suas atitudes tão estranhas ao longo daqueles anos todos. Marisa foi contando ao poucos, ou confirmando, o que já tinha contado: ela sentira uma forte atração por ele assim que o vira; transou com ele na segunda vez, com um longo intervalo de tempo depois da primeira, porque estava mesmo precisando de dinheiro e o emprego de Maria aliviaria muito a situação financeira da casa; não se tornou amante dele porque achava que não era certo, já que achava que Rodrigo não merecia. Mas se Paulo tivesse largado tudo e quisesse ter ficado com ela, quem sabe Marisa se separasse do marido, por mais escandaloso que isso fosse – mas ela jamais proporia uma coisa dessas, claro. Quanto a ser amante agora, ela não via problemas. Morava sozinha (o único de seus filhos que não era casado, Cássio, estava servindo em Brasília e provavelmente seguiria carreira militar), não estava traindo ninguém. Na ocasião em que Marisa disse isso, Paulo respondeu:

— Ao contrário de mim, né? – e riram, abraçados.

Não era só a atração sexual que fazia Paulo se aproximar mais e mais de Marisa: apesar de ter um bom relacionamento com Rafaela, sua esposa, sentia que ela não dava muita importância para ele. Extremamente ligada aos filhos, Paulo achava que se morresse não faria muita falta em casa. Até por causa dos seus horários malucos, Paulo se sentia meio distante da família.

Nada assim tão inesperado para um chefe de família dos anos 60, acho.

Com Marisa ele se sentia desejado, apreciado. Depois que começou seu relacionamento com ela, Paulo, que pouco se encontrava com prostitutas depois do casamento, parou de vez com esse hábito. Ele dava presentes para a amante, mas nada que chamasse muito a atenção. Preferia depositar diretamente algum dinheiro na conta dela, que não recusava, nem reclamava, nem vinha com comentários do tipo "Não sou prostituta".

Marisa sempre sabia o que queria.

As coisas estavam nesse pé quando Maria começou a trabalhar na antessala de Paulo e de seu pai. Ela tinha um corpo parecido com o da mãe, mas era mais magra. Seu olhar meio desamparado, meio assustadiço, por outro lado, era muito diferente do olhar firme e um tanto frio da mãe. Paulo não conheceu Rodrigo e ficava imaginando se Maria não tinha puxado esse olhar desamparado dele – que era efetivamente uma ótima pessoa, pelo visto: Paulo já tinha o testemunho favorável da esposa e, nas poucas vezes que conversara com sua secretária a respeito da família dela, teve a impressão de que a filha corroborava a opinião da mãe. Maria era casada com um mecânico de automóveis, Ricardo, e tinha um filho, João.

No trabalho, como esperado, Maria era séria e compenetrada. Começava a trabalhar aí por meio-dia e teria que ficar até às oito da noite – mas frequentemente passava do horário, quando necessário, e não reclamava. Quando Paulo teve o sonho referido no início desta história, Maria estava muito bem ambientada no trabalho – tanto que levou Nicole e Amanda para lá, conforme já vimos.

Esses horários malucos de jornal.... Ah, fica assim mesmo.

Maria e Marisa tinham jeitos tão diferentes uma da outra que, para Paulo, não era assim tão estranho trabalhar com a filha de sua amante: no dia a dia, afinal, elas se encontravam com ele em ambientes diferentes, não havia por que criar problemas morais por causa disso – Paulo, afinal, nunca tinha sido um homem fiel, continuava não sendo e não tinha a menor vontade de passar a sê-lo. Quando falava no assunto com Marisa, ela também não parecia muito incomodada com a situação: o que os dois faziam no apartamentinho de Paulo não era, afinal de contas, assunto de sua filha. Eram relações paralelas, quase mundos paralelos. Além do mais, Maria fora morar com o marido no Portão, longe de Marisa, que continuava na mesma casa de sempre, no Ahú de Baixo. Era muito difícil, se não impossível, que houvesse algum flagrante de mãe e filha se encontrando em locais inesperados.

É dia 12 de outubro de 2017, fiquei quase três meses sem mexer nesta história.

É engraçado eu ter parado por tanto tempo e ainda não ter uma ideia muito clara do que vai rolar daqui para frente. Sei mais ou menos como o livro vai terminar, não tive muitas dúvidas do que escrever no decorrer da história até aqui, mas o próximo passo é delicado.

Tudo estava muito bem na vida de Paulo: sucesso na vida profissional, uma vida familiar tranquila, uma amante maravilhosa, que não lhe exigia nada, e por quem nosso herói estava cada vez mais ligado. Nada que abalasse seu casamento, é preciso que se diga. O que Paulo sentia por Marisa era forte, mas não chegava a ser uma *paixão*. Dava para viver bem daquele jeito.

Mas o sonho bagunçou tudo. Quando Paulo acordou apaixonado, vivendo nas nuvens, achou que nunca tinha sentido algo tão bonito em toda a vida. Mas era doloroso, claro: o caso com Maria era difícil de acontecer, para não dizer impossível.

Mas era só um sonho! Era uma sensação maravilhosa, mas ninguém se apaixona por causa de um sonho! Isso é estupidez, logo esse amor iria passar.

Pensando assim Paulo ficava aliviado. Tudo o que não podia acontecer agora era uma confusão que o levasse para longe da zona de conforto que conseguira com Marisa, depois de uma espera tão longa.

O problema é que a sensação de paixão por Maria não passava. A cada dia ele olhava para sua secretária e ficava mais embasbacado. A sensação que havia tido no sonho simplesmente não saía de seu pensamento. Na verdade, ele parecia estar vivendo num sonho.

Maria nunca lhe parecera tão bonita. Seu jeito tímido era apaixonante. Seus cabelos morenos eram a coisa mais atrativa do mundo. Seu jeito quieto parecia estar escondendo algo profundo – que Paulo sequer conseguia imaginar o que seria. Quando Paulo a chamava na sua sala, Maria chegava e ele tinha palpitações. Ficava torcendo para ela ir com um decote – mas ela não ia. Torcia para que ela fosse de minissaia, aquela verdadeira roupa criada recentemente por Deus, mas ela nunca ia. A discrição que ela tinha na vida profissional e pessoal ela levava para suas roupas. Eram saias e blusas discretas, que mal deixavam descobrir algumas de suas curvas.

Ele não sabia o que fazer.

Já estava havia dois meses apaixonado. O negócio, que começara com um sonho e que tinha tudo para ter terminado no mesmo dia, não dava sinais de acabar. Ele já achava que tinha que tomar uma providência. Não iria tentar despedi-la, não era mau a esse ponto. Não podia mandá-la trabalhar em outro lugar, já que Maria estava no auge da carreira como secretária nas Organizações. Não sabia como chegar e se declarar para ela. Só o que ele sabia era que pensar nela o dia inteiro, como estava fazendo ultimamente, não estava ajudando em nada. Às vezes suspirava alto em casa ou no escritório – todos achavam estranho. Mas fechava a cara em seguida e ninguém tinha coragem de lhe perguntar o que estava acontecendo. Só ele sabia: não tinha nenhum amigo em quem realmente confiasse para contar uma história absurda dessas. Não bebia, não sentia necessidade de se abrir com ninguém. Desabafar, nesse caso, seria apenas passar por um papel ridículo. Falando nisso, aliás, ele achava que bêbados eram sempre ridículos. Não se esquecia da vez em que o dono de outro jornal, numa reunião, divertido, perguntou-lhe depois de saber que Paulo não bebia:

— Você esconde alguma coisa?

Não respondeu, claro, apenas riu. Achou a piada ótima na hora e sempre a contava para as pessoas quando aparecia a oportunidade. Ele escondia algumas coisas (quem não esconde, afinal?), mas *essa coisa* com Maria parecia mais forte do que as demais. Ele agora achava ótimo não beber – ele pensava que assim era mais fácil esconder o que tinha que ser escondido.

Estranhamente, sua relação com Marisa não sofreu nenhuma mudança importante com a paixão pela filha dela. Quando estava nos braços da amante a sensação era tão maravilhosa que ele achava que até esqueceria do amor que estava sentindo por Maria. Mas bastava ficar sozinho novamente que tudo voltava pior do que antes. Mais agudo. Mais dolorido.

Um sonho! Quem diria, um sonho!

E assim foram passando os dias, com Paulo cada vez mais apaixonado. Vários detalhes que ele conhecia bem sobre Maria – a maneira de conversar um tanto sem continuidade, sua magreza, o cabelos pretos – que, na verdade, sempre lhe agradaram, agora faziam parte de uma paisagem mental de obsessão, amor, paixão, seja lá o termo que se utilize para descrever a coisa.

Precisava fazer alguma coisa.

Finalmente, um leitor cínico comentaria.

Quem sabe se ele começasse a elogiá-la assim, como quem não quer nada? Não tinha muito jeito para isso, sabia. Mas, enfim, não custava.

— Que bonita essa sua roupa, Dona Maria.

Foi a primeira vez que tentou. Ela estava com um conjunto de saia e blusa cor-de-rosa, em tom pastel. Nada demais, na verdade. Nada muito diferente do que ela sempre usava.

— Obrigada, doutor.

Responderia que não precisava chamá-lo de doutor? Não. Melhor não. Uma coisa de cada vez. Dois dias depois:

— Que bonita essa sua roupa, Dona Maria.

Dessa vez ela estava com um conjunto verde, mais ou menos parecido.

Da terceira vez que ele lhe elogiou as vestimentas, Maria disparou:

— Não sabia que o doutor era ligado em moda...

Paulo ficou sem ação. Improvisou alguma coisa:

— Eu sempre presto atenção nas roupas das pessoas, Dona Maria.

Rematada mentira. Mas o que iria fazer?

Maria deu um sorrisinho e saiu da sala dele.

Pelo visto a conversa das roupas não estava dando certo. Mas, pela resposta um tanto inesperada – e, mesmo, agressiva – de Maria, ele poda estar entrando numa enrascada. O tom de voz que ela utilizou foi tudo, menos agradável. Ela não chegou a ser impertinente – ele era filho do presidente das Organizações, afinal de contas –, mas foi incisiva.

Ela poderia se revoltar? Falar alguma coisa para a mulher dele? Vai saber. O melhor, claro, era deixar essa conversa para outra hora – ou nunca –, mas quem disse que ele conseguiria se controlar? Certamente, não conseguiria. Iria tentar alguma coisa, só não sabia o quê. Se tivesse um amigo em quem confiasse, algum sujeito que tivesse facilidade com as mulheres, que não estivesse apaixonado... Mas quem? Pensou no motorista (que, afinal de contas, já sabia do caso dele com Marisa): ele poderia, quem sabe, dar uma ideia, esclarecer as coisas.

— Paulinho, tenho confiança total em você.

— Obrigado, doutor.

— Então, estou com um problema, não tenho ninguém para quem eu possa pedir ajuda.

Paulinho era moreno, era simpático, sorridente. Vinha do interior do Paraná, tinha estudado até o segundo grau. Parecia ter ainda menos do que os 26 anos que tinha de fato.

— Pode falar, doutor.

E falou que estava apaixonado por Maria. Falou até que tudo tinha começado com um sonho. Paulinho, afinal, era uma das únicas pessoas que sabiam do caso de Paulo com Marisa. Não iria achar assim tão estranho. Mesmo se achasse, ele era de uma fidelidade canina, Paulo tinha certeza disso.

Paulo, Paulinho, que saco.

— Bem, doutor, acho que posso ser sincero com o senhor, não é?

— Claro, Paulinho.

Paulo tinha pensado bastante na reação de Paulinho quando soubesse da paixão. Apoiaria? Diria que *mulheres eram pra comer* mesmo? Que ele era o dono da porra toda, colocasse Maria contra a parede e a ameaçasse de demissão caso ela não quisesse ter um caso com ele? Que comer a mãe e a filha seria, sei lá, pecado? Incorreto? Que a dona Marisa, coitada, não merecia aquilo?

"Dono da porra toda" é uma expressão de hoje em dia, até onde eu sei. Haha.

Só não esperava a resposta que acabou vindo:

— Se eu fosse o senhor tentava esquecer essa mulher.

"Essa mulher". Esses subalternos estão querendo se amotinar? Primeiro Maria, com aquela impertinência e, agora, até o Paulinho.

— Por que, Paulinho?

— Ela tem uma péssima fama na empresa, doutor. Ninguém entende como ainda não foi despedida.

— Mas...

— E desculpe, doutor, eu jamais falaria uma coisa dessas se o senhor não tivesse me confessado sua quedinha por ela.

"Quedinha". "Agora, sim, o Paulinho respeitoso de sempre", Paulo pensou. Aquilo que ele contou não era "quedinha" nem aqui nem na China.

"Nem aqui nem na China" é outra expressão lamentável. Nesse caso específico, eu a conheço desde criança, devia existir já em 1968.

— Tem alguma coisa específica contra ela, Paulinho?

— Todo o mundo fala mal dela e das duas amigas, Amanda e Nicole, doutor. Que são fofoqueiras, que destratam os demais empregados. Que Rute, a secretária que foi despedida para a entrada de Nicole, caiu numa arapuca criada por Maria para abrir lugar para sua amiga. Que Clara, a secretária que se aposentou para a entrada de Amanda, queria ter ficado mais tempo, mas não aguentava aquelas duas, e preferiu cair fora. Finalmente, que Amanda consegue ser ainda pior que as duas juntas. Dizem que seu pai tem um caso com uma das três, mas quanto a isso não tenho ideia se é verdade.

Paulo estava sem ar:

— Nossa, Paulinho, se isso tudo for verdade eu teria que fazer alguma coisa...

— Não sei, doutor. Pode ser que elas tenham algum esquema com seu pai. Acho que é melhor andar com cuidado.

— Mas eu sou filho dele!

Paulo era filho do dono, mas ainda não era sócio nas Organizações. Se seu pai tinha alguma ligação com uma das três secretárias, era bem possível que Paulo perdesse alguma hipotética queda de braço com ele.

E Paulo, com seu caso extraconjugal estável com Marisa, tinha telhado de vidro – nunca é demais reforçar.

Várias coisas passavam pela cabeça de Paulo e nenhuma delas agradável.

– Claro, doutor. Mas o que todo o mundo sabe é que as três estão muito confortáveis na posição em que estão. Insuportáveis do jeito que são, só podem ter costas quentes.

"Costas quentes". Não gosto dessa expressão. Mas é um diálogo, né?

— Não sei nem o que pensar, Paulinho.

— Desculpe, o senhor sabe que pode confiar em mim.

Paulo sabia que podia confiar no motorista. Mais do que isso, a postura agressiva de Maria quando do elogio de Paulo não deixava de corroborar o que Paulinho tinha comentado: não é assim tão fácil uma secretária ser tão altiva com o filho do dono da empresa onde trabalha.

— Eu sei, Paulinho, claro. Será que você poderia investigar o assunto para mim?

— Nossa, doutor, não sei se vou conseguir...

— Não importa. Não precisa ser para agora, nem para semana que vem. Só gostaria que você fosse se informando a respeito do comportamento das três e fosse me passando o que fosse descobrindo. Você já sabe muito, não vai ser tão difícil saber mais coisas.... Você está sempre aqui, passa confiança. Todo o mundo gosta de você.

O leitor pode estar se perguntando por que Paulo não questionou Paulinho a respeito de algum comentário que sua amante pudesse ter feito com ele sobre Maria nas viagens da casa dela até o apartamentinho (normalmente aconteciam até três encontros por semana). Mas ele preferiu ficar quieto. Ele mesmo iria perguntar sobre a filha para Marisa. Obviamente, não comentaria sobre a suposta má-fama de Maria e de suas duas amigas no escritório, mas falaria com a amante sobre a filha dela como se fosse um assunto qualquer.

De todo modo, Paulo acabou se dando conta, com certo arrepio na espinha, que Marisa não falava mais da filha. Era engraçado porque ele mesmo sempre falava da mulher e dos filhos para a amante – que era uma ótima ouvinte e que, com o tempo, passou a ter a confiança até para lhe dar conselhos (sempre bons). Sua amante jamais falava mal da mulher e dos filhos dele, era compreensiva com os problemas de Paulo, parecia muito confortável na posição de "a outra". Marisa estava se revelando não só uma ótima parceira de sexo, mas uma verdadeira amiga, sempre agradável, sempre compreensiva. Ele estava começando a ter uma confiança enorme na amante e isso fazia parte importante da ótima fase que Paulo estava vivendo.

Quer dizer, ótima fase até chegar aquele maldito sonho. Um sonho! (ele sempre *pensava em forma de interjeição* quando se lembrava de que essa situação delicada tinha começado com um sonho).

"Pensar em forma de interjeição". Não ficou bom, mas não resisti, desculpem.

Mesmo com essa intimidade crescente entre os dois, Marisa não falava da filha. Ela falava de diversos assuntos: os filmes a que tinha assistido, as conversas com as amigas, as músicas que ouvia, as novelas na televisão, os outros filhos... Mas sobre Maria, nada. Paulo às vezes fazia algum comentário – antes do sonho, claro – sobre como a filha estava bem no emprego, mas Marisa respondia rapidamente que ficava feliz com ela, e logo mudava de assunto. Era estranho, mas Paulo nunca tinha se concentrado sobre o assunto.

Que engraçado.

Que tipo de demônio seria a Maria? E quando será que aquele maldito sonho iria parar de fazer efeito? Porque, não se iluda o leitor, essas revelações todas diminuíram um pouco o ímpeto apaixonado de Paulo, mas é forçoso reconhecer que não muito. Mesmo no meio do turbilhão de pensamentos em que se afundava, ele continuava pensando em maneiras de levar a secretária para cama. Mesmo se ela fosse tão má quanto estava parecendo, Paulo, no fundo, achava que valia a pena arriscar. Um amor desses não morria assim, do nada.

Tudo por causa de um sonho!

Já deu para entender que ele pensava com interjeição. Chega, né?

— Marisa, como está sua relação com sua filha?

— Bem, ué. Por que a curiosidade, Paulo?

Os dois nus na cama, iriam se vestir dali a pouco.

— Curiosidade mesmo. Faz tempo que você não fala nela.

— Nada demais...

E foi até o chuveiro, tomar um banho. Saiu de lá e não falou mais no assunto.

Aquilo era estranho, muito estranho. Tentaria de novo, mas já começava a achar que Paulinho tinha razão quanto ao caráter de Maria, afinal de contas. Será que era doloroso para a mãe falar da filha? Provavelmente. Teria que ter cuidado com o que fosse perguntar.

Isso por um lado. Por outro, era uma angústia terrível a que ele sentia, como pode o leitor imaginar. A ansiedade em saber do que Maria – e, pelo visto, suas amigas também – era capaz tomava conta da maioria dos seus pensamentos. Não era uma pessoa especialmente dada a arroubos espirituais, mas aprendera desde cedo com a mãe, católica um tanto mística, a levar a sério sinais como sonhos e intuições.

Seria o sonho que tivera um sinal de que tinha que investigar algo profundamente podre nas Organizações do pai? Um sonho tão forte... Sua intuição lhe dizia que a coisa poderia ir para esse lado. Mas, por outro lado, levar a sério, até esse extremo, uma intuição não era algo que ele costumasse fazer – isso sem contar o medo de que estivesse se precipitando.

Confesso que pensei escrever no trecho acima "Seria o sonho (o sonho!) que tivera...", mas pensei melhor e deixei neste comentário.

Fica como uma versão alternativa meio besta.

De fato, ele tinha medo. Medo de mexer com algo maior do que ele. Algo que, Paulo sabia, possivelmente não conseguiria dar conta.

Enfim.

No dia seguinte, seu motorista diz para ele:

— Doutor, a Nicole está solteira. Tinha um namorado, que a dispensou. Tem fama de mulher fácil.

— E você está com segundas intenções com ela, Paulinho?

— Nunca tive, não suporto aquela bisca. Mas estou pensando em dar em cima dela para descobrir alguma coisa para o doutor.

— Você faria isso por mim, Paulinho? – Paulo ficou verdadeiramente surpreso.

— Faria, doutor. Também, sou solteiro, né?

Paulinho tinha tido um noivado longo, de uns cinco anos contando noivado e namoro, até que a noiva se cansou de esperar pelo casamento e o largou por um amigo dele. Estava há dois anos vivendo a vida de solteiro, da qual parecia estar gostando muito. Sempre contava para Paulo – e para Marisa – sobre suas novas conquistas. Essas conversas do motorista divertiam muito os dois amantes, diga-se de passagem.

— Nossa, nem sei o que responder.

— O pior que pode acontecer é eu não conseguir nada com ela.

— Ou, caso consiga, não obter nenhuma informação para mim.

— Bem, mas nesse caso pelo menos eu teria um prêmio de consolação.

Os dois riram. Quem sabe desse certo.

Estou colocando aqui um comentário nada a ver só para fazer a história mudar de assunto.

Na próxima vez que Paulo se encontrou com Marisa, do nada ela começou a chorar. Ele não a via chorando desde a morte do marido.

— O que foi, querida? Você está chateada comigo?

O medo de que Marisa se apaixonasse por ele e tentasse dar um rumo muito diferente para a história dos dois era algo que atemorizava Paulo.

— Não, querido, não tem nada a ver com você...

— Se você quiser, você sabe que pode me contar qualquer coisa...

— Sei sim. Isso está me angustiando muito, vou ser obrigada a falar. Por que você me perguntou de Maria? Está desconfiado de algo em relação a ela?

— Ouvi umas conversas estranhas no escritório, sim. Mas deve ser só fofoca.

— Não sei se é fofoca não. Essa menina anda muito estranha. Anda com umas roupas muito melhores do que cabem no orçamento dela. O marido dela, o Rodrigo, anda de cima para baixo com um Galaxy novinho. Eles estão conseguindo dinheiro não sei de onde, Paulo. Quando perguntei como eles conseguiam manter essa ostentação toda, ela fechou a cara, disse que não era da minha conta. Depois que perguntei isso nossa relação nunca mais foi a mesma.

— Lá no escritório ela nunca vai com roupas caras, nem nada.

— O que mostra que ela quer esconder alguma coisa, né? É mais estranho ainda.

— É – reconheceu Paulo. – Vocês se vêm sempre?

— O meu neto me adora, Paulo, e enche tanto o saco dela que ela acaba sendo obrigada a almoçar comigo todos os domingos. Depois do almoço, normalmente, aquele grosseirão do Rodrigo, marido dela, sai, para ver o jogo do Coritiba, ou alguma outra coisa, e ela sai também, sei lá para onde, e o menino fica comigo até à noite, quando eles vêm pegar o piá com a avó. Do jeito que ela me trata friamente, acho que se não fosse por ele ela nunca mais iria falar comigo. O marido, então, nunca escondeu que não gosta de mim...

E recomeçou a chorar.

— E você nunca me falou nada, Marisa.

— Ela é minha filha, né Paulo? Não quis te incomodar.

— Ficou com medo da minha reação?

— Fiquei com medo de que você estivesse tendo um caso com ela também e dando dinheiro para ela. Você é rico. Fiquei com medo de que isso tivesse a ver com algum desvio de dinheiro nas Organizações. Fiquei com medo de que você tomasse alguma providência contra minha filha caso ela estivesse desviando dinheiro.

Eram tantos medos, tão díspares, que Marisa começou a rir.

— Não tenho nada com ela, se isso aplaca um dos medos, minha querida. – E foi a vez de Paulo começar a rir.

— Acredito em você.

Abraçou-o e voltou a chorar.

Eu tenho um certo TOC quanto à formatação dos meus livros. Normalmente, eles cabem em 50 páginas A4, o que dá pouco mais de cem páginas em formato de livro normal. "Um amor como nenhum outro", "Rua Paraíba" e "Memórias" são compostos por várias partes curtinhas, cada uma delas separada das outras por três asteriscos; "Marina" e "Conversão" têm o formato tradicional, de partes e capítulos; "Morrissey" é todo em diálogos; "Energia" não tem divisão nenhuma; "Sempre" é de poesia, e tem uma liberdade formal maior – mas o tema é um só. Este aqui, já deu para perceber, tem comentários que separam o fluxo principal da história.

Agora que já estou na parte final da história, estou vendo que este formato, que era interessante no começo, não está dando conta das muitas divisões de cenas que o livro passou a ter... Enfim, agora é tarde demais. Vou continuar a usar comentários só para separar uma cena de outra.

Poucos dias depois, Paulinho veio com uma novidade: já tinha marcado uma data para sair com Nicole.

— Que bom! Acho bom eu te dar um dinheiro a mais para o seu jantar. Isso tudo pode dar lucro para a empresa, afinal de contas!

— É, doutor. É uma situação perigosa para mim.

— Eu sei. Você vai ser bem recompensado.

Agora era tarde, Paulo pensou. Iria até o fim nisso. A imagem de Marisa chorando por causa da filha não saía de sua mente.

E o sonho? Paulo continuava apaixonado por Maria? – o leitor deve estar se perguntando. Acontecia assim: quando não estava no escritório,

Paulo era frio com relação a ela, ficava muito preocupado com o destino a que essa situação poderia chegar, ficava furioso quando pensava no quanto ela estava fazendo a própria mãe sofrer.

Diante dela, no escritório, a coisa mudava rapidamente: ficava com dúvidas se tudo aquilo não era um mal-entendido. Ficava obcecado com o olhar fugidio dela, irado e desamparado ao mesmo tempo – e até mesmo com sua juventude. Assim como a mãe, ela aparentava bem menos idade do que tinha na realidade.

Depois que se deu mal na vez citada anteriormente, Paulo não lhe fez mais comentários elogiosos, por óbvio. Maria, por outro lado, sentiu que tinha sido agressiva além da conta com o filho do patrão e passou a ser mais gentil com ele, mais solícita. Isso aumentava as dúvidas do pobre Paulo em relação ao caráter de sua nova paixão.

"Pobre Paulo". Há muitos anos não leio nada de Henry James, mas imagino ele fazendo um comentário desses num de seus livros.

Paulinho tinha conseguido sair com Nicole. A noite tinha sido agradável. Ele falou para o patrão que ela estava solteira mesmo, desiludida com os homens, e que queria ficar sozinha um tempo.

— Te deu um corte, então? – divertiu-se Paulo.

Conforme comentamos, Paulo estava com medo. Essa investigação torta que estava promovendo poderia lhe trazer revelações assustadoras. Obviamente, Maria tinha outra fonte de renda além do que ganhava no escritório. Se fosse algo lícito – um prêmio na loteria esportiva ou um suposto ganho inesperado por parte do marido – ela não teria problema nenhum em declará-lo para a mãe. Mas não era o que estava acontecendo. Provavelmente, tinha a ver com algum ganho ilícito no jornal. Seria ela mesmo amante do seu pai? Estava desviando dinheiro do jornal sem ninguém saber? Será que Nicole estava mancomunada com Maria?

Muitas questões, com muitas respostas possíveis – a maior parte delas desagradável.

Tudo levado em conta, Paulo, no fundo, estava torcendo para nada dar certo entre Paulinho e Nicole. Assim ele poderia voltar à sua vida de sempre que, como vimos, estava ótima. Mas não foi o que aconteceu:

— Não sei o que acabou acontecendo, doutor. Lá pelas tantas a Nicole me deu um beijo...

— Assim, do nada?

— Ela tinha bebido um pouco, eu fui deixá-la em casa. Fui me despedir, ela me abraçou e me beijou.

— E você, claro, não ficou revoltado nem nada. Nem se sentiu ofendido.

— Haha, claro que não, doutor. Ela é bonita, né?

— Sim, claro. E depois?

— Depois, nada. Não combinamos nada, nem me convidou para subir no apartamento dela. Também, né, ela mora com os pais.

— Sim. Você acha, então, que tinha chance de ir para cama com ela ontem mesmo?

Lembro da série do "Coelho", de John Updike, por exemplo, em que se comentava que os anos setenta, nos Estados Unidos, foi um período de promiscuidade ímpar – a liberação sexual iniciada nos anos sessenta acabou se espalhando por toda a sociedade na década seguinte.

Estamos em 1968, em Curitiba, uma sociedade mais conservadora que a do Rio de Janeiro, cidade em que Leila Diniz escandalizava com sua postura sexual liberada.

Assim, a postura aparentemente liberada de Nicole podia ser escandalosa, mas não tão impossível assim.

— Não faço ideia. Só achei estranho o fato dela me dar um beijo assim, do nada.

— Chegaram a falar de sexo? Da fama que ela tem?

— Claro que não, né? – E riu.

— E o que você está prevendo com ela, daqui por diante?

— Bem, vou convidar ela para sair de novo, claro. Vamos ver como ela vai reagir.

Nicole era parecida com Maria: morena, de cabelos longos, forma do rosto semelhante. Um pouco mais gorda que a sua amiga, mais antipática e mais segura de si. Usava óculos, que acabavam lhe dando um ar intelectual – ela parecia se achar inteligente e culta, mas era só aparência mesmo. Das três secretárias, Nicole era aquela que Paulo menos gostava, tinha até um pouco de medo dela: ele não podia deixar de sentir um arrepio quando pensava a que ponto aquilo poderia chegar.

Mas era tarde. Não podia simplesmente pedir para o Paulinho parar com a brincadeira. Não seria correto. Se descobrisse alguma coisa tenebrosa, veria o que faria na hora.

Não sabia o que fazer com Marisa, por outro lado. Falaria da investigação sobre a filha com a mãe? Também nesse caso o melhor era dar tempo ao tempo.

Mas nenhuma solução lhe deixava confortável.

À medida que os dias e semanas iam passando, Paulo, que detestava tomar decisões drásticas, sentia que essa sua característica estava começando a travar seus movimentos. Às vezes, entrava em pânico. Começou a ficar cada vez mais desconfortável no escritório, desconfiava de todos, não estava conseguindo ficar natural nem com Nicole, nem com Amanda, nem com seu pai. Nunca tivera dificuldades em fingir tranquilidade, mas ultimamente isso estava ficando difícil. Não podia pedir férias porque, nesse caso, sua mulher e seus filhos pediriam para ir junto, e tudo o que ele não precisava naquele momento era ficar longe de Marisa – sua segurança naqueles dias difíceis.

De todo modo, ele achava que estava muito mais descontrolado do que estava de fato. Nem seu pai, nem Nicole, nem seus filhos, nem sua mulher, nem mesmo Maria achavam que Paulo estava com problemas. O seu jeito calado e taciturno o ajudava nisso – ele só estava mais calado e taciturno do que o normal, ninguém notou nenhuma diferença importante.

Nicole demorou a engatar o namoro com Paulinho – sim, foi em namoro que a coisa se transformou. Ela andava, de fato, meio traumatizada com os homens e, com a importância que se dava, um motorista profissional não era bem o que ela tinha em mente para um relacionamento mais sério. Mas Paulinho era bonito, simpático, bem relacionado na empresa, podia ter um bom futuro. E tinha outra coisa: Nicole gostava tanto de sexo que, às vezes, parecia a Paulinho que era ninfomaníaca. De certo modo, Paulinho era o homem certo na hora certa.

Um trocadilho infame: "Paulinho era o pau certo na buceta certa".

Conseguir alguma novidade em relação a Maria já era outra história: Nicole simplesmente idolatrava a amiga: as duas, junto com Amanda, frequentemente saíam juntas nos fins de semana – provavelmente, era com elas que Maria saía aos domingos, quando o neto de Marisa ficava com a avó – Paulo não pôde deixar de pensar. Nicole era só elogios quando o assunto era a amiga: generosa, inteligente, bondosa, boa trabalhadora, responsável.

— Doutor, acho que o melhor é ir com calma. Vai demorar para ela se abrir comigo.

— Você não gosta dela, Paulinho?

— Acabei gostando dela no convívio, doutor. Mas ela é muito ciumenta, dá até medo.

— Você mais gosta ou mais tem medo?

— Mais gosto, doutor. Gosto muito, na verdade.

Paulo refletiu que esse era um grande momento para dar um basta na investigação. Já fazia quatro meses que ele tivera a primeira conversa sobre o assunto com o motorista... e, é forçoso reconhecer, o seu estado mental tinha se acalmado muito de lá para cá. Ele preferia, em dias normais, esquecer a "investigação" que tinha pedido para seu motorista fazer. É claro que Paulo poderia ter tentado analisar alguma coisa por si só, poderia ter falado com seu pai, poderia ter contratado um detetive particular, investigado as contas do escritório. Poderia ter feito várias coisas, mas preferiu não fazer nada: vimos como ele tinha medo de descobrir alguma coisa realmente desagradável. Desse modo, a vontade que ele tinha era dizer para seu motorista para desistir da investigação e ficar bem com sua namorada. Mas alguma coisa misteriosa (orgulho?) o impediu de dar esse passo.

— Você que sabe, Paulinho. Mas se você puder investigar mais um tempinho, quem sabe ela acabe falando alguma coisa quando você menos espera.

Pela primeira vez desde que iniciei esta novela sei exatamente como ela vai acabar, coisa que o leitor não vai demorar muito para descobrir.

Os dois Paulos da nossa história não precisaram de muito tempo para ter novidades na investigação. Alguns dias depois da conversa relatada há pouco, o motorista contou para Paulo que Nicole tinha ido chorando se encontrar com ele. Tinha brigado feio com Maria.

A filha de Marisa exigia da amiga que ela se separasse de Paulinho. Para Maria, Paulinho não era de confiança. Era íntimo demais do amante de sua mãe, o sujeito que a levava para os encontros entre os dois. Os dois tinham que se separar, e pronto. Nicole ainda disse que sabia das consequências caso desobedecesse à amiga, e por isso estava desesperada. Que consequências eram essas, Nicole não quis comentar.

Pode-se imaginar o choque de Paulo. A Maria sabia do caso dele com a mãe dela. A reação indignada dela com os elogios dele acabou por fazer sentido. Além disso, que consequências eram essas, a que Nicole havia se referido? Como Maria, uma secretária, podia ameaçar uma colega – nem havia hierarquia entre elas – para que esta parasse de namorar o motorista do filho do dono da empresa? Quem ela pensava que era? Pior ainda – conhecendo o seu modo racional e pouco explosivo – era pensar que Maria parecia, sim, ter condições verdadeiras de ameaçar a amiga com consequências terríveis: ela não parecia, nem de longe, alguém que pudesse fazer uma ameaça destemperada e sem sentido. Do jeito como agia, Maria tinha todo o jeito de ter *mesmo* costas quentes na empresa.

E aí chegava o nó da questão: a segurança dela só podia provir do seu próprio pai. Paulo teve que se decidir:

— Você acha que ela aceitaria falar comigo, Paulinho?

— Posso tentar, Doutor Paulo.

Ficou engraçado esse Paulinho e Doutor Paulo. Pelo menos para mim. Não é à toa que sou visto como um sujeito muito sem graça aqui em casa.

Alguns dias depois:

— A Nicole aceitou sair com a gente, doutor.

Os dois estavam namorando ainda, mas tinham dito para todo o mundo que tinham brigado. O encontro, em que os três compareceriam, seria num restaurante retirado.

Na data combinada, já no início do jantar, Paulo falou para Nicole:

— E eu te convidei aqui para que você me contasse o que você sabe, e você concordou. O Paulinho lhe garantiu que nada do que você falar para mim será vazado, não?

— Eu conheço o Paulinho, é um homem maravilhoso. Estamos pensando em nos casar, doutor. Já estou procurando outro emprego, doutor, e se o senhor puder me ajudar a sair da empresa do seu pai nós poderemos começar nossa vida.

Ele respondeu que a ajudaria, claro. Então perguntou para Nicole a respeito das ameaças que Maria tinha feito para ela caso o namoro com o motorista continuasse. A resposta da secretária:

— Eu sei, doutor, do seu caso com a mãe de Maria. Posso lhe garantir que Paulinho nunca falou nada para ninguém. A Maria sabe porque seu pai colocou um detetive atrás do senhor.

— Faz tempo isso?

— Tenho a impressão de que desde que vocês começaram o seu caso, doutor. Aliás, é preciso que se diga que seu relacionamento com a Dona Marisa não é nada perto do que eu sei do seu pai.

— E meu pai nunca me falou nada, nem sequer insinuou...

— Ele queria ter algo contra o senhor caso o senhor descobrisse a verdade sobre ele.

— Meu Deus!

— Enfim, doutor, seu pai é um monstro. Uma das coisas dele é que ele é obcecado em desvirginar moças. Desde que estava na rádio Maria o ajudava nisso, trazendo jovens de doze, treze anos, para isso. Já desde aquela época ele tinha um caso com a Maria. O senhor se lembra como foi complicada a situação quando a secretária anterior foi despedida? Pois é, ela tinha descoberto o caso do seu pai com a Maria e ele a ameaçou de morte para que ela não desse com a língua nos dentes. Essa foi a confusão.

— Meu pai, ameaçando pessoas de morte?

— O senhor não sabe nada? Nem desconfia? Ele financia grupos de repressão militar, ele ajuda a financiar o CCC...

— Não sei nem o que dizer.

— Pela sua expressão, doutor, posso acreditar que o senhor não sabia de nada. Seu pai sempre foi fechado, sim, mas é difícil imaginar por que o senhor, ao lado daquele monstro, nunca desconfiou de nada.

A relação com seu pai sempre foi difícil mesmo, ele sempre foi muito distante dos filhos. Paulo, agora, acha que é melhor que tenha sido assim, no final das contas.

— E com você e Amanda, ele nunca tentou nada?

— Maria é muito minha amiga, sempre impediu que ele me mandasse embora, já que eu sempre disse não para as investidas dele.

— E Amanda?

— Amanda é amante do seu pai também, doutor. Saem os três, fazem orgias. E ficam rindo da minha cara porque não quero nada com ele e não ganho as joias e as roupas caras que seu pai dá para elas – e que elas, obviamente, nunca usam no escritório. E olha que gosto de sexo, não sou puritana. Mas aquele homem é um monstro.

— Ele não tem medo de que você dê com a língua nos dentes?

— Ele sabe que se eu falar qualquer coisa sou uma mulher morta.

— Mesmo assim, você está falando comigo.

— O senhor é filho do dono, né? E estou apaixonada, quero sair daquele inferno. O senhor pode me ajudar.

— Claro, vou ajudá-la, não tenha dúvidas a esse respeito. Para mim é fácil, tenho amigos, vou dar um jeito que nem meu pai vai desconfiar de nada.

— Obrigada, doutor.

— Imagina.

— De todo modo, tem mais. Não sei muitos detalhes, mesmo, a esse respeito, mas frequentemente Maria diz que está com problemas com um e outro empresário. Pelo que entendi, seu pai também extorque ricaços para conseguir dinheiro. Ele tem vários detetives trabalhando para ele. Descobrir o seu caso extraconjugal foi fichinha para ele, doutor. – E, no meio daquele estresse todo, Nicole riu. Os outros dois na mesa acabaram rindo também.

Ao levar Paulo para casa, o motorista falou para o patrão:

— Gostei muito do que a Nicole falou para o senhor. Estou orgulhoso dela, doutor.

Em casa, na cama, Paulo estava com a cabeça rodando. O choque tinha sido violento demais, claro, mas o que mais o preocupava era saber o que faria a seguir. Denunciaria o pai? Nesse caso, para quem, já que o pai era aliado das forças de repressão? Colocá-lo-ia contra a parede? Na melhor das hipóteses, Paulo tinha seu próprio telhado de vidro, ele acabaria com sua família.

A única coisa que lhe dava segurança naqueles momentos dramáticos era a lembrança de Marisa. Já o seu relacionamento com Rafaela era frio. Como comentado anteriormente, ele amava os filhos, mas sabia que eles estavam melhor com ela do que com ele.

Foi quando teve a grande ideia.

Pegaria seu dinheiro no banco, separar-se-ia da mulher e moraria em outra cidade com Marisa. Que o escândalo viesse, ele não se importava. Estaria longe. Chamaria Nicole e Paulinho para trabalharem com ele, inventaria alguma coisa para todos fazerem juntos. Maria e seu pai ficariam felizes que os dois fossem para bem longe, afinal de contas. Os filhos acabariam se acostumando com a ideia: Paulo não os abandonaria, claro, e quem sabe algum deles até fosse morar com ele. Não deixaria que seu pai soubesse que ele tinha descoberto a verdade. Seu pai pensaria que ele só se mudou por causa da Marisa.

Quando pensava nessa nova vida que levaria dali em diante, Paulo lembrou-se de que tudo aquilo só fora possível graças a um sonho, no qual ele estava perdidamente apaixonado.

Agora acordado, ele se sentia igualmente apaixonado: não por Maria, claro, mas pela mãe dela, o grande amor de sua vida.

MORRISSEY

"Disse Caim ao Senhor: 'Meu castigo é maior do que posso suportar.
Hoje me expulsas desta terra, e terei que me esconder da tua face;
serei um fugitivo errante pelo mundo, e qualquer que me encontrar
me matará'.
Mas o Senhor lhe respondeu: 'Não será assim; se alguém matar Caim,
sofrerá sete vezes a vingança'. E o Senhor colocou em Caim um sinal,
para que ninguém que viesse a encontrá-lo o matasse.
Então Caim afastou-se da presença do Senhor e foi viver na terra de
Node, a leste do Éden".

(Gênesis 4:13-16)

I have forgiven Jesus

— De jeito nenhum, delegado.

— Mas como assim? Como é que você pode ter certeza?

— Tenho. Ele é um poeta, um homem estudado...

— Poetas e homens estudados não podem acreditar?

— Eu acho que não.

— Mas você sabe que a coisa *não é bem assim*, né?

— Eu acho que nenhum homem estudado, com talento, pode acreditar em Deus.

— Tá, vá lá, então o Morrissey não acredita em Deus e escreveu uma música chamada *I have forgiven Jesus* porque, na verdade, queria falar do seu desejo de matar alguém.

— Qualquer um pode ver isso, delegado... Ah lá: *Why did you give me so much desire? / When there is nowhere I can go / To offload this desire?* Tá aí. Tá com desejo de matar.

— Ele disse que está com desejo de amor. É só ler a continuação da letra: *And why did you give me so much love / In a loveless world / When there is no one I can turn to / To unlock all this love?* Então você está dizendo que o amor que ele fala aqui é "metafórico"?

— Claro.

— Baseado exatamente no quê?

— Se fosse desejo de sexo, e aí até eu poderia aceitar, ele ia falar sexo, não amor. Ou você acha que um cara que tem tanto desejo assim de amor ia reclamar de falta de amor? Ninguém tem desejo assim de amor!

— Mas como não?

— Ah, veja se me entende, delegado: se ele quisesse amor, ele ia ficar naquela queixa normal, que os pais não deram atenção, que nunca teve amor, que era carente. Em *I have forgiven Jesus*, Morrissey está com raiva. Você não viu o clipe?

— Claro que vi, né?

— Hahaha, pelo menos fiz a polícia do Brasil inteiro conhecer...

— Por favor, o Morrissey estava desesperado com esses crimes. Ajudou no que pôde a polícia brasileira. Até veio para o Brasil para conversar com a gente.

— Hahahaha, ele é uma figura! Gostou dele?

— E você ri, né? Na primeira vez que ele falou comigo ele estava pálido... Disse que estava tomando calmante pra dormir desde o quarto crime...

— Hahahaha.

— Mas não é possível. Mas vamos lá, vamos voltar ao clipe. Você estava dizendo que ele estava com raiva no *I have forgiven Jesus*...

— Bem, isso até vocês puderam perceber, né?

— Parecia meio raiva, meio mágoa.

— Mas era raiva. Eu sei disso. Vocês sabem que eu sei o que ele quer.

— Não é o que ele disse pra gente.

— Ele engana. Teve uma ocasião em que ele deu uma entrevista dizendo que não era mais virgem e, logo em seguida, deu outra dizendo que continuava virgem... Até você gostou dessa, né?

— Reconheço, essas entrevistas foram divertidas.

— Então, no *I have forgiven Jesus*, ele estava com raiva. EU SEI DISSO.

— Ok, se acalme, continue.

— Vamos lá: no final do clipe ele cerra os pulsos.

— Sim.

— Ergue o pulso cerrado, sinal inequívoco de que ele queria socar alguém.

— Não podia ser o próprio Jesus?

— Claro, se ele acreditasse nele.

— Então, quando ele diz que odiava Jesus, em sua opinião, ele queria era se queixar da religião católica?

— Ele teve educação católica. Você deve ter estudado a respeito.

— Sim, todos estudamos.

— Bem que o Morrissey deve ter gostado...

— Por favor, já falamos sobre isso.

— Mas não custa insistir. Eu sei, pelo noticiário, que ele estava desesperado e que vivia ligando para cá. Chegou até a começar a aprender português para tentar ajudar mais nesses crimes.

— Sim.

— E que o Brasil inteiro e a Inglaterra não tinham outro assunto nos últimos tempos.

— Sim.

— Também, né? Quem imaginaria a junção de Morrissey e crimes? Ninguém! Hahaha.

— Verdade, eu mesmo não conhecia quase nada sobre ele, comecei a me informar sobre a carreira, as letras...

— Pois é! Nem era meu objetivo, mas é bom saber que fiz, além de um bem para ele, um bem para o bom gosto do mundo.

— Bom para ele? Ele parou a carreira por causa dessa loucura! Ficou com os cabelos totalmente brancos!

— A carreira dele ele volta e meia para, ué. Uma vez a mais...

— E os cabelos brancos?

— Ah, deve ser tinta...

— NÃO É TINTA!

— Não precisa gritar, delegado. Gostou dele?

— Ele passou uma semana aqui em Curitiba, quase não saiu da delegacia. Ele estava abalado demais. Parecia um homem acabado.

— Foi no quarto crime, né? Engraçado foi todo o mundo saber. Ele volta e meia some e ninguém sabe dele. Se ele quisesse, vinha aqui e ninguém ficava sabendo. Mas, enfim, até o *Guardian*, jornal que sempre o odiou, deu matéria de capa pra viagem dele. Imagina só.

— Ele ficou abalado mesmo...

— Tudo teatro, com certeza. Eu sei que os crimes estavam fazendo bem para ele.

— Ok. Vamos voltar pros problemas dele com a Igreja Católica, por favor?

— Sim, claro.

— Fala.

— Então: como ele tinha problemas de repressão devido à Igreja Católica e estava vestido de padre, era óbvio que ele queria matar um padre.

Como eu já disse, ele não acredita em Jesus. Jesus, se existiu, não tem nada a ver com toda a bobagem que fizeram em torno dele. Ele até falava umas coisas legais.

— O problema dele era com a Igreja Católica, então, para você, ele queria matar um padre. E foi por isso que você matou o padre Marcos, da Igreja Santo Agostinho.

— Sim.

— E como é que você fez?

— Padres são pessoas solitárias, não era assim tão difícil arranjar um para matar.

— Assim, você foi até lá e o matou.

— Sim, eu trabalho muito como engenheiro. Sempre chego tarde em casa. Desse modo, como a Igreja Santo Agostinho é no meio do caminho entre o escritório e a minha casa, eu ia lá e ficava manjando, lá de fora, se ele costumava ficar sozinho. Claro que ficava. Ele saía às vezes durante a semana, volta e meia algum paroquiano o convidava para entrar em casa, então eu tive que arriscar um pouco. Fui assistir a algumas missas na Igreja Santo Agostinho, para ver se ele dava alguma dica do dia a dia dele. Ele é meio bocudo, sabe, e uma vez ele falou que não iria sair naquela semana, até brincou que os paroquianos estavam todos na praia e ele estava sem programa. É claro que algum paroquiano podia cair na rede e convidá-lo, mas não custava tentar. Eu sabia onde ele morava, onde ele dormia, graças às minhas rondas em torno da casa dele. Como achei que ele podia desconfiar, achei melhor tentar entrar pela janela mesmo. Se não desse certo, eu provavelmente inventaria alguma história maluca justificando estar lá, alguma coisa que tivesse a ver com fé. Mas deu certo.

— É, infelizmente...

— Infelizmente pra ele. Hahaha. Entrei pela janela da casa dele, que é do lado da Igreja. Ele não tinha alarme, disso eu já sabia porque eu já tinha entrado no quintal uma vez sem que ninguém soubesse. A janela estava aberta, tava muito calor naquela noite. Era janeiro, né?

— E como é que você fez?

— Quando ele me viu, deu um grito. Mas a televisão estava ligada, ninguém ouviu. Com um soco só ele caiu e desmaiou. Ele era velhinho, não foi assim tão difícil. O problema é que eu tinha que matar ele no soco mesmo.

— Porque o Morrissey fecha o pulso no final do clipe...

— Sim, vocês fizeram um bom trabalho. Fiquei com medo de não conseguir, de ter que usar uma faca, o que atrapalharia muito a coisa. Mas eu consegui.

— Foi no soco mesmo.

— Sim, como ele estava desmaiado, foi mais ou menos fácil. Levantei o som da TV, me ajoelhei com a cabeça dele no meio das pernas, e soquei. Uns quinze minutos. Bati tanto que acabou deformando a cabeça do coitado, foi traumatismo. Ele não sangrou, mas ficou todo roxo. O bacana do processo todo é que como eu estava com luvas cirúrgicas, não precisava me preocupar com digitais. Depois pensei que poderia ter usado um soco inglês, demoraria menos e eu não precisaria ter quebrado a mão.

— Como é que você fez com a mão quebrada? Ninguém desconfiou no escritório, em casa?

— No escritório eu disse que eu tinha caído. Eu sou um engenheiro respeitado, ninguém jamais iria desconfiar que um engenheiro com a mão quebrada teria algo a ver com a morte do coitado de um padre, né?

— É, ninguém desconfiou mesmo.

— De mais a mais, eu moro sozinho, sou separado. Minha ex-mulher e minha filha moram atualmente no Peru com o novo marido dela, o Jorge, que trabalhava na mesma empresa que eu e que foi convidado para tocar uma obra lá.

— E você tem contato com as duas?

— Com a ex, menos. Com a filha, quase todos os dias, por *Skype*.

— Como é que você acha que ela vai encarar o fato de o pai ser um assassino?

— Vai ter que aceitar, como eu aceitei o fato de ela ter preferido ficar com a mãe e não comigo.

— Isso te traumatizou? Você acha que a separação tem alguma ligação com os seus crimes?

— Eu sei que o Morrissey tem essa necessidade de matar desde que comecei a ouvi-lo, ainda nos anos 80. Mas aquilo não me incomodava muito, eu tinha mais o que fazer. Quando as duas saíram de casa, bem, tava na hora de eu cumprir a minha missão.

— Mas você ama a sua filha, né?

— Sim, já disse que falo quase todos os dias com ela pelo *Skype*.

— Falou no dia do primeiro assassinato?

— Sim, e o fuso horário ajudou. Cheguei em casa quase meia-noite e era bem mais cedo no Peru. Eu tinha dito que iria ficar até tarde no escritório. E, realmente, naquele dia eu tinha muita coisa para fazer. Fiquei até tarde no escritório, saí, matei um padre, cheguei em casa e falei com minha filha pelo *Skype*.

— Você estava tenso?

— Sim, fumei um cigarro de maconha para me acalmar.

— Sempre fumou?

— Não, só depois da separação.

— Depressão?

— Fiquei mal mesmo, delegado. Mas não virei drogado não. Só fumo maconha de vez em quando com alguns amigos. Eu sabia que se usasse muita maconha iria pegar mal no escritório. Somos uma empresa séria.

— E que agora está ficando famosa, né? A empresa onde trabalhava o *assassino fã de Morrissey*.

— Que nomezinho sem graça esse que inventaram pra mim, né? Acho que até você concorda.

— Que outro nome você sugeriria?

— *"O assassino dos crimes de Morrissey"*. Tinha até planejado isso. Mas não pegou.

— Claro, né? Morrissey não matou ninguém.

— Isso é o que você pensa. Ele é um homem de poder mental extraordinário. Se não fosse eu, outro pegaria a deixa.

— Você não acredita em Deus, mas acredita no poder mental?

— Ué, poder mental é igual ao poder de ondas eletromagnéticas. Basta estar na mesma frequência que você capta. Não tem nada a ver com Deus. Ou você acha que dá para duvidar de ondas eletromagnéticas?

— Mas a ciência não reconhece o poder mental.

— A ciência não sabe de nada. Deus também não sabe de nada. É só ver a desgraça que este mundo é.

— Tá. Voltemos ao seu padre. Você, obviamente, não foi pego...

— Não, padres são pessoas solitárias, aquela rua em que ele morava tem pouquíssimo movimento, eu consegui fazer tudo rápido.

— E me esqueci de perguntar: você chegou a ir num hospital para tratar de sua mão quebrada?

— Não. Seguro morreu de velho. Haha. Eu estava preparado para a eventualidade, aprendi a imobilizar a mão pelo Youtube, e foi o que fiz. Em duas semanas estava pronto para outra.

— Continuou a trabalhar com a mão quebrada?

— Sim. Treinei pra socar com a mão esquerda. Eu sou destro, mas tenho a mão esquerda forte... Resquícios do tempo da natação, em que eu nadava tão errado com o braço esquerdo que acabei ficando com este braço maior. Não sei se você sabe, mas nadar errado aumenta a força despendida e a musculatura do braço! Hahaha.

— E perde precisão?

— Sim. Acho que se eu tivesse acertado o padre com a mão direita ele teria morrido antes. Tudo por uma boa causa. Consegui trabalhar essas duas semanas só com a mão direita.

— Tudo bem pensado. Você falou, aliás, que ficou com medo que não desse certo...

— Sim, sempre foi uma possibilidade. E a cada vez que a coisa dava certo, era sinal de que o Morrissey estava satisfeito com o rumo das coisas e estava me ajudando com seu enorme poder mental. No duro no duro, ele deveria estar preso aqui, como o Charles Manson, que foi preso mesmo sem ter sujado as mãos.

— Ora, francamente. Como é que um cara inteligente como você pode vir com uma ideia estapafúrdia dessas?

— É como um rádio, delegado. Basta sintonizar na mesma sequência. Tenho certeza de que um monte de gente no mundo foi sintonizada pela frequência assassina do Morrissey. Eles devem estar felizes porque quem vai para a cadeia sou eu, e não eles. O cara não deixa a gente em paz.

— Você ouvia, telepaticamente, ele falando com você?

— Não, mas eu sentia as frustrações e desejos dele. Ele é tão forte que você não vê saída enquanto não fizer qualquer coisa para ajudá-lo.

— Então você está dizendo que Morrissey não falava telepaticamente com você.

— Não, ele é uma espécie de sol: atua na vida de todo o mundo, mas não está nem aí para você.

— Mas, como eu disse, só você sacou isso.

— Isso é o que você pensa.

— Bem, enfim, você sabia que o Morrissey queria matar gente, sabia que tinha sintonizado as ondas mentais dele, ou seja lá como você chama isso, mas por que você, afinal de contas, cedeu? Não dava simplesmente para fingir que não era com você? Ou as vozes dele na sua cabeça não deixavam?

— Eu já disse que ele não falava na minha cabeça.

— Tá, você entendeu.

— É bom deixar claro. Mas enfim, é uma questão meio complexa, delegado. Se eu quisesse mesmo, poderia deixar para lá. Mas quando minha mulher e minha filha me deixaram, fiquei meio sem ter o que fazer... Todo o meu tempo livre eu dedicava para elas.

— Aí você passou a sentir mais alto o desejo dele.

— Sim, passei. Mas não foi só isso. Eu estou vivo até hoje por causa dele.

Ah...

— Sim, foi ouvindo repetidamente *Angel, Angel, down we go together*, em 1989 que deixei de me matar. Aquele tipo de coisa que aparece nos filmes: estava com uns amigos lá em casa e eu cá comigo, pensando em como faria para me suicidar. Seria naquele dia mesmo. Eu iria num viaduto lá na estrada das praias, o Viaduto dos Padres, pararia o carro e me jogaria.

— Isso te abala até hoje.

— É, sempre choro quando penso nisso.

— Tudo bem, eu espero.

— Ok, mas vamos lá. Veja a letra do bandido: *Angel, Angel / Don't take your life tonight / I know they take / And that they take in turn / And they give you nothing real / For yourself in return / But when they've used you / And they've broken you / And they've wasted all your money / And cast your shell aside / And when they've bought you / And they've sold you / And they've billed you for the pleasure / And they've made your parents cry / I will be here / OH, BELIEVE ME / I will be here / ...believe me / Angel, don't take your life / Some people have got no pride / They do not understand / The Urgency of life / But I love you more than life / I love you more than life / I love you more than life / I love you more than life.*

— É linda mesmo.

— Conhecia?

— Essa não fez parte dos crimes. Virou fã?

— Mesmo não fazendo parte dos crimes, era meio que minha obrigação conhecer as músicas dele.

— E daí? Virou fã?

— Gosto, mas é meio difícil ser fã depois de tudo o que aconteceu.

— Haha.

— Essa música é mesmo linda. Você se reconhecia na letra?

— Só na parte do *don't take your life*.

— Você se considera um anjo?

— Não, só alguém com uma missão, e que conseguiu cumprir.

— Meio místico esse papo, não?

— Reconheço que sim. Mas eu achei que estava na hora de pagar o favor que ele fez para mim, tantos anos antes.

— Matando aqueles que ele queria matar?

— Sim.

— Bem, vamos voltar ao padre. Deu tudo certo, não é? E aí você deixou as letras de *I have forgiven Jesus* e *What difference does it make?*, uma seguida da outra.

What difference does it make?

— Sim, *What difference does it make?* era a próxima música. Nela, o desejo de Morrissey de matar alguém é de uma obviedade chocante. Ele começa dizendo que *All men have secrets and here is mine / So let it be known*, dizendo que, finalmente, o segredo dele vai ser desvendado. Daí ele diz que *For we have been through hell and high tide / I think I can rely on you*, mostrando que ele pode confiar naqueles que vão cumprir a missão de aliviar a sua alma.

— Lá vem você falando em misticismo.

— Que seja, *eu interior*. Posso continuar?

— Pode.

— Bem, aí ele dá a dica de como ele quer que seja a morte revelada nessa música: *But still I'd leap in front of / A flying bullet for you.* A próxima morte seria com tiro.

— Só que Morrissey disse que ele se atiraria na frente de alguém, e não que era para alguém atirar em alguém a mando dele.

— Você não sabe de nada, delegado.

— Ok.

— Não sabe não.

— Ok, vamos que você tenha um pouco de razão.

— Haha.

— Bem, continue. Você ainda não explicou como é que o Morrissey, atirando-se na frente de uma bala para salvar alguém, queria, na verdade, dar um tiro em alguém.

— Era uma metáfora para os iniciados.

— Ok. E quem ele queria matar dessa vez?

— Isso não foi possível saber. Certamente, era alguém por quem ele havia se apaixonado, mas que depois pulou fora: *And yet you start to recoil / Heavy words are so lightly thrown.*

— E daí os dois brigaram "com leveza".

— Sim. Mas Morrissey ficou magoado, claro, senão não teria escrito a música.

— Até aí meu carro anda, como diz meu cunhado.

— Provavelmente, o sujeito por quem ele se apaixonou começou a reclamar do fato de ele ser homossexual, coisa que pode ter a ver com a Igreja Católica. Lembra-se do outro crime? Aí Morrissey perguntava, mas que diabo de diferença isso faz? Não faz nenhuma! Que culpa pode ter alguém que é gay?

— Você é gay?

— Não.

— Já teve experiências?

— Paguei alguns rapazes algumas vezes para saber como é a coisa.

— E o que achou?

— Menos ruim do que imaginava.

— Não quis continuar?

— Não. Às vezes até penso em tentar os préstimos de outro rapaz de novo, mas na hora do telefonema me lembro do corpo de uma mulher e a concorrência é desleal. Haha.

— Ok, mas você concorda com o Morrissey que não há por que se incomodar por ser gay?

— E você? O que acha?

— Acho que isso não faz mesmo a menor diferença.

— Meu delegado! Sabe que eu gosto de você, né?

— Não foi difícil descobrir, depois de tudo.

— Enfim, a letra dá várias dicas do enrosco que ele conheceu com esse rapaz: *And your prejudice / Won't keep you warm tonight*. Um sujeito que perdeu uma trepada com Morrissey. Pode imaginar isso, delegado?

— Posso. Eu perderia uma trepada com o Morrissey.

— Você não é gay?

— Não. Não tenho interesse em transar com ele. E você, transaria com Morrissey?

— Sem dúvida! Mesmo não sendo homossexual.

— Morrissey é um objeto de desejo para muitos gays, mas você acha que heterossexuais também têm desejo por ele?

— Bem, eu tenho. Quem sabe Morrissey soubesse que, no fundo, o sujeito por quem ele se havia se apaixonado também tinha... Ele não iria se irritar com um heterossexual *de verdade*.

— Polêmica sua teoria, para dizer o mínimo...

— Enfim. De todo modo, ele sabia que essa canção resultaria num crime: *But, devil will find work / For idle hands to do / I stole and I lied, and why? / Because you asked me to!*

— Roubou, mentiu, mas não assassinou. Ainda não consigo ver assassinato na letra.

— Ora, francamente delegado, não me decepcione. Ele não tinha como ser mais claro que isso sem que a Scotland Yard ficasse na fuça dele, né?

— Ok, vá lá.

— Então: *Heavy words are so lightly thrown*. Você reconhece a tensão no ar, né?

— Sim. Mas as palavras duras foram leves.

— Sim, porque ele não podia deixar que o amigo, ou seja lá quem fosse o camarada que ele amava, soubesse que ele estava pensando em assassinato. Tanto Morrissey estava pensando que continua: *But still I'd leap in front of a flying bullet for you*. Está aí a arma.

— Tá, então Morrissey deixou implícito, mas oculto, que queria matar o amigo por quem ele havia se apaixonado e que não quis transar com ele porque não era um *gay de verdade*. Com um tiro ainda por cima.

— Sim.

— Só que você mesmo admite que não tem ideia de quem é o cara.

— Sim, mas a vontade de Morrissey abala o universo. Ele precisa ser satisfeito, de alguma forma.

— Você não acha isso meio místico? Desculpe a insistência.

— Nada a ver, delegado. Quer ouvir a continuação?

— Sim. Então você tinha que matar alguém. Era um velho...

— Sim, a dica está dada: *you must be looking very old tonight*. Tinha que ser um velho. É metafórico, você entende, né?

— Digamos que eu esteja começando a entender. Como é que você planejou o assassinato do velho?

— Então, meu pai tem uma chácara em Almirante Tamandaré. Tem muitas chácaras por aquele lado. É um lugar meio remoto, e sempre tem algum andarilho, ou bêbado, andando nas estradinhas de macadame por ali. Era só ter um pouco de paciência...

— Alguém mora na chácara do seu pai?

— O caseiro e a família.

— Você não teve medo de que eles desconfiassem?

— Tive, claro. Tinha que ser muito bem pensado. Como todo o mundo sabia que eu estava deprimido por causa da separação da minha mulher, pedi para meu pai para passar uns fins de semana lá na chácara dele. Para "recarregar as energias". Claro que eu não podia ir lá, matar e voltar. Tinha que criar uma rotina, e a que criei era a seguinte: contratava alguma garota de programa, a levava até a chácara, e depois a devolvia para o lugar em que a tinha pegado, alta madrugada. Fazia isso sextas e sábados. Todos sabiam que eu estava divorciado e, do jeito que a chácara do meu pai é grande, não tem como o caseiro ver com quem estou entrando... Podia ser uma namorada. Mas se descobrissem que era uma puta, qual o problema? Sou filho de Deus, afinal de contas. Haha.

— Ok.

— Então fui criando essa rotina de sair de madrugada, voltar com uma moça, e devolvê-la para a rua de novo.

— Fazia sexo com elas ou elas só serviam de álibi?

— Eu nunca tinha feito sexo com putas, então tinha medo de não conseguir funcionar direito. Na verdade, não acho muito certo pagar por sexo.

— Sim. Então não fazia sexo.

— No começo não. Conversava com elas, jantava com elas, mas não transava. Até que peguei uma ninfomaníaca e, bem, tive que ceder antes de ser estuprado. Hahahaha.

— E gostou?

— Gostei. Aí, bem, passei a fazer sexo com elas. Deixei de achar errado.

— Deixou por quê?

— Porque eu sou um homem bem-apessoado, bem-educado, como você certamente está percebendo.

— ...

— Aí eu percebia que, se eu não fizesse sexo, muitas delas iriam se achar rejeitadas. São gente como a gente.

— E depois o sexo poderia ser bom...

— Sabe do que estou falando?

— Sei.

— Você, hein?

— Enfim, você criou uma rotina, saía pelas madrugadas até a chácara... Começou a procurar sua vítima?

— Na verdade, era meio que uma pesquisa de campo. O sujeito teria que ser velho e sozinho. E, de preferência, ninguém poderia ouvir o tiro. De modo que tinha que ser longe das casas da região. Eu tinha que arriscar, mas sabia que o Morrissey estava comigo.

— Você acha que ele sabia o que você estava fazendo?

— Sabia não, tinha certeza.

— Mas vocês não conversavam telepaticamente. Como é que você tinha essa certeza?

— Do mesmo jeito que sabia que ele queria matar gente. Uma certeza profunda.

— E por que ele parece tão abatido com os crimes?

— Não está. Já falamos sobre isso. Você queria que ele fizesse o quê?

— Tudo fingimento?

— Tudo.

— Não me pareceu...

— Te hipnotizou, delegado. Ele hipnotiza todo mundo. Por que você acha que os fãs dele atravessam estados e países para ver o mesmo show várias vezes?

— Você já foi em algum?

— Não, nunca.

— Estranho, você não acha?

— Sentia uma oposição energética muito forte. Acho que se eu tivesse visto ele num show, não teria coragem de cumprir a minha missão.

— Não sei se eu entendo, mas enfim...

— Você tem acompanhado bem meu raciocínio, não seja humilde.

— Ok.

— Tinha muitos potenciais assassinados nas suas andanças?

— Até que tinha. O melhor era se fosse um andarilho, alguém de quem ninguém iria sentir falta. Um bêbado tropeçando ou caindo na sarjeta, por outro lado, seria mais fácil de abater.

— Você via os seus potenciais assassinados como gado?

— Não, não via não. Mas depois de mortos, quem sabe.

— Já que o assunto caiu no assunto gado, como você vê o vegetarianismo de Morrissey?

— Himmler era vegetariano, Hitler era vegetariano, Beria era vegetariano. Li numa biografia de Stálin que gente muito ligada a assassinatos às vezes se sente mal em comer carne...

— Você acha que ele é tão obcecado por assassinatos assim?

— Tenho certeza.

— E como é que ele tem tantos fãs que não têm nada a ver com assassinatos?

— Ele emite dois tipos de ondas mentais. Se emitisse apenas ondas de assassinato, bem, não teria fãs, nem importância na música, nem nada. Mais ou menos como Charles Manson.

— Que tem fãs.

— Mas não sucesso na música.

— Enfim, pela sua teoria, apenas algumas pessoas captam as ondas de assassinato. Poderoso esse Morrissey, hein?

— Não deboche, delegado. A gente tá numa boa aqui.

— Desculpe.

— Ok, eu gosto de você.

— Bem, voltemos: você passeava de madrugada, buscando vítimas, até que achou.

— Sim, e bem como eu tinha imaginado. Era uma noite de sexta para sábado, já tinha saído com a garota de programa, e comecei a procurar alguém na área rural de Colombo. Eu achei a periferia dessa cidade mais abandonada que a de Almirante Tamandaré, então eu estava indo mais para aquele lado ultimamente...

— Sem contar que é mais longe, despertaria menos suspeitas, correto?

— Sem dúvida. Quanto mais longe, melhor. Numa ruazinha de macadame, bem longe de tudo, para os lados da comunidade de Roseira, encontrei um coitado caído do lado da rua. Ali era só mato. Saí do carro, despejei seis tiros na cabeça do coitado e fui embora. Nem saí correndo de carro, para não despertar suspeitas.

— Foi para que lado? Voltou para casa?

— Sim.

— Assim, tranquilamente?

— Eu tenho uma missão, delegado.

— E o revólver, como você conseguiu?

— Meu ex-sogro tinha um. Tinha uns quarenta anos já. Consegui deixar em "ponto de bala" sozinho, graças ao Youtube. Literalmente em ponto de bala! Hahaha.

— Treinava tiro onde? Sabia atirar antes?

— Sabia sim. Meu irmão é delegado como você, praticava tiro e eu praticava tiro com ele.

— Teu irmão é delegado aonde? Eu conheço?

— Não sei, delegado. O nome dele é Paulo e é delegado no Ceará. Passou num concurso.

— Bem, depois a gente vê.

— Isso. Temos muito o que conversar mesmo. Haha.

— Você deu seis tiros na cabeça do homem deitado no chão. O que sentiu dessa vez?

— Nada. Só não queria que respingasse sangue que eu tivesse que limpar depois.

— E respingou?

— Eu atirei de dentro do carro, para eu tentar me sujar menos.

— E sujou o carro?

— Um pouco, sim. Eu tive que limpar a porta na chácara do meu pai.

— E o que fez com o pano?

— Usei esses panos umedecidos, mais fáceis de se desfazer.

— E o que fez com o pano?

— Enterrei no meio da chácara do meu pai. Ninguém ia procurar lá. Tinha lua, eu fui sozinho na plantação de laranja que ele tem, fiz um buraco e joguei lá. Foram uns cinco paninhos só, fiquei com medo de queimar e fazer muita fumaça. Botei fogo em pano algumas vezes na adolescência, solta muita fumaça. Podia soltar muito cheiro também, esses lencinhos são cheirosos. Achei que podia despertar suspeitas. Fim de semana, de madrugada, ninguém ia notar nada. Tinha lua, nem lanterna eu levei quando fui fazer o buraco.

— Usou pá?

— Usei.

— Não tinha medo de que numa chuva o lencinho saísse do chão?

— Tinha. Fiz uma marca ao lado da árvore, que não tinha como ninguém saber que era minha, e passava lá de vez em quando. Depois de uns dois meses, os paninhos estavam bem secos, ainda escuros de sangue. Já não tinham cheiro, dava para botar fogo, que foi o que fiz numa lareira da chácara do meu pai. Enfim, o homem que morreu era andarilho. Só apareceu no noticiário por causa das letras de música que eu coloquei no bolso dele. Eu tinha medo de que as letras do Morrissey saíssem voando ali na estrada. VOCÊS TINHAM QUE SABER, né? Haha.

— Sim, soubemos. Saíram as primeiras notícias...

— Mas ainda só em jornais especializados em crônica policial. De todo modo, eu sabia que vocês já estavam ficando de olho. Principalmente por causa da próxima letra, que estava junto com *What difference does it make?, All the lazy dykes*.

All the lady dykes

— Sim. Foi quando me chamaram para ver a carta. Eu não tinha acompanhado o crime do padre, mas estava ficando claro que esse era um criminoso diferente. E o tema da próxima letra dava fortes indícios de que a próxima vítima seria uma lésbica.

— Mas vocês não queriam deixar as pessoas em pânico, né?

— Ainda não havia motivo.

— Havia sim. Você sabia que havia. Aposto que você quis dar a letra da música para o pessoal da imprensa, mas foi voto vencido...

—...

— Vou interpretar seu silêncio como uma aquiescência, delegado.

— Enfim, você tinha que matar uma lésbica...

— Sim, exato. E foi o que fiz.

— Como é que foi?

— Um amigo meu, o Paulo, era o veado da turma...

— Em que sentido?

— Era nosso colega, pedia para fazer boquete nos amigos.

— Ele fez em você?

— Em mim e em mais alguns, sim. Tínhamos doze, treze anos, para nós era melhor que nada.

— Ele estudava com você?

— Sim.

— E como vocês o tratavam?

— Ele era veado assumido, não tinha muito preconceito contra ele não. Era o melhor aluno da turma, a gente acabava sendo ajudado por ele nas matérias e tal. Perdi o contato com ele e fiquei surpreso ao vê-lo na turma de Engenharia no primeiro dia de aula. Quando me viu, ficou em pânico. Era um "ex-gay" que tentava esconder o passado tenebroso. Haha.

— Tinha namorada?

— Teve algumas, que nunca duraram.

— De modo que ele queria uma vida nova.

— Sim. E eu era uma lembrança de um passado desprezível. Haha.

— Como é que você o tratou?

— Tratei bem, como se ele fosse um amigo de infância. Coisa que, convenhamos, ele nunca foi.

— Ele tinha medo de que você o denunciasse, provavelmente.

— Acho que sim, mas nunca contei nada pra ninguém. Não ganharia nada com isso, coitado. Nos formamos, perdemos contato e, no mestrado, anos mais tarde, dou de cara com o sujeito no primeiro dia de aula. Ele estava casado com a Paula e morava numa chácara. Numa festa de fim de ano da turma do mestrado, ele leva a mulher. Maior sapatão, delegado. O cara continuava veado, mas sabe como é que são engenheiros, né? Ela era engenheira também, professora da UP... Nossa área não gosta muito de gays, ela também não se assumia.

— Mas tudo isso você deduziu, né? Ou tinha provas?

— Era voz corrente. Casamento de conveniência.

— Enfim, você achou sua vítima.

— Sim, o Paulo é muito exibido no Facebook. Comecei a seguir os passos dele. Mas nem precisava. Fomos todos convidados para uma festa da turma de Engenharia e quem organizou foi o Paulo. No evento do Facebook que foi criado, ele contou que iria sozinho, porque a mulher tinha que corrigir umas provas. Mas acho que ele preferia que ela não fosse mesmo.

— Por quê?

— Eu acho que o entendo. Era um casal muito estranho: o sujeito gay com uma sapatona quase homem.

— E você, obviamente, disse que não iria.

— Não precisei. Eu nunca fui a nenhum dos jantares anuais da turma. Depois de vinte anos, eles só me convidavam por educação. Eu só lia o que estava rolando, nem participava das conversas no Facebook.

— Então, você sabia que a mulher do seu amigo estaria sozinha em casa e foi lá para matá-la.

— Sim.

— Como é que você fez?

— Eu sempre gostei de mecânica de automóveis. Roubei um Fusca na rua. Eles são fáceis de roubar. E fui até lá.

— Conhecia a chácara do seu amigo?

— Não, mas sabia o endereço. Não era longe da chácara do meu pai, em Almirante Tamandaré.

— Sabia como?

— O Paulo me falou. Volta e meia ele me convidava para ir lá. Haha.

— E você nunca tinha ido?

— Eu passei lá várias vezes nas minhas andanças pela madrugada. Conhecia o carro do Paulo, a casa ficava de frente para a rua.

— Como é que você fez para entrar?

— Deixei o carro na rua, pulei a cerca, quebrei a janela, pulei a janela do quarto e entrei.

— Ela gritou?

— Não, estava vendo televisão na sala. Bendita televisão! Haha.

— Mas ela não estava corrigindo provas?

— O pior é que estava. Mas corrigir provas é chato, a televisão distrai mesmo. Enfim, entrei pela sala e falei para ela ficar quieta. Quando ela se virou, assustada, levou o primeiro tiro. Depois o segundo. Minha mira é boa. Atirei de longe para não vir sangue em mim. Haha.

— E não foi...

— Não, não pingou nada. Peguei o Fusca, andei pelas ruazinhas ali perto, deixei num lugar ermo em Almirante Tamandaré mesmo. E saí, voltei para casa.

— Voltou como?

— A pé. Estava de bermuda e camiseta, não chamava muito a atenção, mesmo de madrugada. Fui andando no meio do mato.

— Não ficou com medo de alguém te ver?

— Como eu disse, eu tenho uma missão. Se Morrissey estivesse comigo, ninguém iria estranhar minha presença a pé à noite naqueles lugares por onde passei. E ninguém estranhou. Já era madrugada quando cheguei à chácara do meu pai, por uma entrada lateral. Conheço bem as redondezas, dá para sair andando no meio das chácaras...

— A arma do teu sogro, pelo visto, estava funcionando bem.

— Uma bela 38, delegado. Eu tenho porte de arma, herdei a arma dele.

— Sua ex-mulher sabia que você tinha a arma?

— Eu tinha treinado tiro, meu sogro gostava de mim, me deu a arma. Tudo registrado, bonitinho. Com a reforma que eu fiz, então, a 38 ficou uma beleza.

— Sim, estou percebendo. E você teve certeza que ela estava morta? Chegou a tocar no corpo?

— Fiquei uns minutos ali. Parou de respirar.

— E o que você sentiu quando ela parou de respirar?

— Senti que o Morrissey tinha ficado aliviado.

— Mas não ficou. Esse crime foi um escândalo... Foi quando ele finalmente soube.

— Sabia desde o início...

— Isso é o que você diz...

— Já discutimos sobre isso mais de uma vez, né?

— Ok. Vamos então às suas teorias sobre *All the lazy dykes*... Por que diabos Morrissey queria matar uma lésbica?

— Por causa do próprio homossexualismo dele, delegado.

— Você acha que ele não se sente bem sendo homossexual?

— Óbvio que não. Ele nunca se assumiu completamente. Na *Autobiografia* ele até dá a entender que teve um caso com um iraniano, mas no final ele dá a entender que também teve um caso com uma moça. Ou seria ela a iraniana?

— Acho que era ela.

— Você, obviamente, leu a *Autobiografia*?

— Obviamente.

— E o *List of the lost* obviamente também?

— Obviamente.

— E o que você achou?

— Gostei dos dois.

— É engraçado vocês estranharem que Morrissey queira matar gente. Em *List of the lost*, todos morrem tragicamente. A vontade dele de matar é uma coisa tão forte que mesmo no seu romance fracassado, ele não pôde se conter.

— Por que você chama o romance de fracassado?

— Porque foi. Odiado por toda a crítica. Mas acho que ali ele se mostrou por inteiro: um sujeito perturbado, pedante – olha o inglês que ele utiliza! –, que vê fantasmas, bruxas e demônios por todos os lugares.

— Mas que mesmo assim não acredita em Deus. Desculpa eu insistir nesse ponto, mas se Morrissey se revelou ali...

— Ele não fala nada de Deus no livro. No *Autobiografia*, aliás, ele disse que abandonou o Deus da Igreja bem cedo na vida.

— Mas ele deve acreditar no sobrenatural, pelo que a gente percebe no *List of the lost* e na *Autobiografia*. Fantasmas e tudo. É engraçado que você disse, no começo da conversa, que gente inteligente não acredita em Deus. Mas pode acreditar em fantasmas? Desculpe de novo, mas esse me parece um ponto importante.

— Obviamente, a ciência não responde tudo. E essa é a minha posição a esse respeito, como já te disse, aliás.

— Está ficando complicado entender seu raciocínio.

— A gente não entende tudo.

— A gente também não entende Deus.

—...

— Estou perdendo a paciência. Você, um engenheiro, com mestrado...

— Não tenho mestrado.

— Não?

— Fiz as cadeiras só. Consegui o título de especialização.

— Em que área?

— Estudos energéticos.

— No que consiste isso?

— Em calcular a quantidade de energia que uma hidrelétrica pode vender.

— Enfim, você diz que homens inteligentes não acreditam em Deus, mas você acredita que saca as ondas mentais de um cantor que, segundo você, acredita nos fantasmas que colocou em sua autobiografia e no seu único, até agora, romance, fracassado, ainda segundo você. Deus não pode ser uma força também e que, levando a suas teorias, atua numa certa frequência? Se a ciência não prova tudo, isso poderia ser verdade.

— Você acha que um Deus iria deixar este mundo na zona em que está? NÃO! O mundo é o que é, com energias, frequências, ondas, espíritos, lutas e álcool gel. Não tem nenhuma organização... Você parece muito incomodado com isso, delegado. Você acredita em Deus?

— Sim, sou católico praticante.

— Ai que bonitinho. Confessa sempre?

— Sim, tem que confessar para comungar.

— Papa-hóstia, é? Hahaha.

— Sim.

— Bem, acho que a conversa não vai caminhar muito por esse lado. Ou você está tentando me pegar em contradição?

— Se fosse o caso, eu iria te contar?

— Não, né? Mas, enfim, a religião parece ser um assunto importante para você.

— Já disse, sou católico praticante.

— Sendo católico praticante, você não fica mais tranquilo em saber que esse assassino aqui não acredita em Deus?

— Não tem como ficar tranquilo com tudo o que você aprontou nos últimos tempos. Esses crimes deixaram todo o mundo estressado.

— Menos o Morrissey.

— Inclusive o Morrissey.

— Mas imagina se eu viesse dizendo que foi o próprio Deus quem me mandou praticar os crimes?

— Isso não faria a menor diferença. Só que, ao invés de letras de Morrissey, estaríamos escarafunchando a Bíblia, o Alcorão, os Vedas ou sabe Deus que livro sagrado você estaria conspurcando.

— Pois é.

— O meu interesse nessas perguntas todas sobre Deus é apenas para entender como sua cabeça funciona. Sou pago para isso.

— E faz bem seu trabalho. De todo modo, você agora está explicando por que faz certas perguntas, e não parece ser uma tática muito eficiente para tirar a verdade de um suspeito.

— Você não é suspeito, é mais do que isso. Se eu falhar no meu método, outro investigador vem. Enfim, dadas as circunstâncias atuais, não há muito o que você possa fazer para se defender. Estamos praticamente conversando aqui, isso aqui é um interrogatório com características de bate-papo. Você pode me dar um nó na cabeça, me convencer do que quiser. Ninguém está muito preocupado com isso.

— É um bom ponto, delegado. Eu digo que sou seu fã.

— Obrigado.

— Senti que seu agradecimento não tem ironia. É isso?

— É.

— Poderíamos sair para tomar uma cerveja qualquer hora, do jeito que está caminhando essa amizade que acabou de nascer.

— Ok, podemos voltar ao *All the lazy dykes*?

— Ok, se assim deseja.

— A letra parece muito positiva em relação à homossexualidade. Morrissey recomenda a uma moça que se assuma porque assim ela seria boa com ela mesma. Não parece alguém que tenha ódio de sua homossexualidade. Além do mais, ele não é mulher, é homem.

— É tudo metafórico, delegado, já disse. Se ele gostasse de ser gay, seria tipo um Elton John.

— Mas não vejo qual o problema em ser um gay discreto.

— Ele é discreto porque odeia a condição homossexual dele. Por muito tempo tentou esconder como pôde.

— E o que tem isso a ver com o fato de ele recomendar que uma garota se assuma? Segundo a letra de *All the lazy dykes*, ela seria boa com ela mesma se fizesse isso.

— É uma mensagem cifrada. Ele disse que ela seria boa para si mesma se se assumisse porque, no caso específico da moça, a família não aceitaria sua decisão e ela seria obrigada a ser matar. A moça para quem ele cantou essa música é uma muçulmana, de uma região atrasada do Paquistão.

— Mas meu Deus!

— Que não existe!

— Que piada é essa?

— É verdade. Ele viu um documentário uma vez sobre moças lésbicas em países muçulmanos. Muitas delas são assassinadas pelo clã.

—...

— Aí ele pensou: se ela assumir, ela morre. Seria o melhor que ela poderia fazer. Ele não vê saída na vida dele. Ele amaria ter uma família que o matasse caso fosse contra seu homossexualismo. Como ele não tem coragem de se matar, a família poderia fazer o "serviço sujo" no lugar dele.

— E todos ficariam felizes.

— E ele estaria sendo "bom para com ele mesmo".

— Sim.

— E o que você acha dessa teoria dele?

— Estapafúrdia. Não tenho nada contra gays, já disse que tive até relacionamentos com homens.

— Você já teve alguma experiência sexual que envolvesse estupro?

— Uma coisa de cada vez, delegado. Acho que você está se adiantando no assunto. Hahaha.

— Ok. E como você fazia as impressões das letras? Nunca conseguimos pegar nenhuma digital. E as impressões nunca eram da mesma impressora.

— Normalmente, eu fazia de luvas mesmo.

— E as impressoras diferentes?

— Eu comprava.

— Comprava uma impressora para cada crime?

— É o mínimo que eu podia fazer, né?

— Imprimia em casa?

— Sim.

— E ninguém nunca estranhou você chegar com uma impressora de cada vez?

— Não. Eu tenho uma mala grande de ginástica. Faço academia às vezes.

— A academia te ajudava nos crimes?

— Acho que sim. É bom a gente ter preparo físico para matar gente.

— Fazia exercícios aeróbicos, musculação?

— Sim, no Clube Curitibano. Minha ex-mulher era sócia lá. Demos um jeito para eu continuar sócio depois da separação.

— Ela já estava com o atual marido quando vocês se separaram?

— Sim.

— Os dois se conheceram como?

— Fui eu que apresentei um ao outro. Era o meu melhor amigo na empresa... Os dois se conheceram na minha casa. Convidei o Jorge para jantar com a então namorada dele... e deu no que deu.

— O Jorge era solteiro?

— Solteirão, tem dez anos a menos que eu.

— E sua ex-mulher?

— Tem a mesma idade do Jorge.

— Você se sentiu velho quando foi abandonado?

— Claro né, delegado. Velho e fracassado. Ele era tão mais bem-quisto que eu na empresa que ganhava mais que eu, mesmo sendo mais novo. Trabalhávamos juntos, na mesma área, e ele era tão mais eficiente que foi promovido antes. Como se não bastasse, roubou minha mulher.

— E você não quis matá-lo?

— Parece que você não me entende, não é delegado?

— Francamente, não tem como.

— Hahaha.

— Mas por que ele não entrou na sua mira? Nem te passou pela cabeça?

— Delegado, eu só matei por motivos de força maior. Morrissey-or, se me permite o neologismo.

— Mas raiva dele você teve, pelo menos?

— Não muita. Eu sempre soube que não tinha queda para engenharia. Acho que o melhor do que eu sou é ser assassino a mando do Morrissey... Mas o principal é que ele tem sido um excelente padrasto para minha filha. Provavelmente, se eu não soubesse que ele estava com ela, eu não teria cometido os crimes. Enlouqueceria, mas tentaria ser um bom pai.

— Você tem ideia de que o que você cometeu foi inominável?

— Para muita gente, sim. Para quem eu queria, não.

— O Morrissey?

— Sim, claro.

— Então você se sente à vontade ao saber que a sua filha está com seu ex-melhor amigo?

— Isso me deixa feliz. De verdade. Eu pensei muito nisso. Sei que minha filha não vai me perdoar nunca, que está sendo um choque pra ela...

— Pode chorar, fique tranquilo.

— Desculpe. Eu sei que ela não vai me perdoar, mas o Jorge tá ganhando um belo dinheiro lá no Peru e trata minha filha melhor do que eu tratava. Ela vai superar.

— Tenho minhas dúvidas.

— Eu não.

— Você nunca tem dúvidas?

— Não muitas, na verdade.

— É, isso faz sentido mesmo.

— Bem, na casa do Paulo você deixou a letra do próximo crime, *The lazy sunbathers...*

The lazy sunbathers

— Sim, essa mesma.

— Esse crime foi pavoroso.

— Hahaha, foi né?

— E você ri?

— Estou rindo desde o início. Só agora é que você está estranhando?

— Eu estranhei desde o início...

— Só que agora você está com mais intimidade comigo?

—...

— Não precisa ficar bravo, delegado.

— Por que diabos você matou aquele casal?

— Era um casal de conhecidos meus.

— Só conhecidos?

— Mais do que isso, na verdade...

— Continue.

— Espera um pouco...

— Mas que inferno! Esse crime saiu no Guardian! O Morrissey veio pro Brasil depois dele, estava desesperado!

— Mas delegado, até os caras que sempre odiaram Morrissey se solidarizaram com ele, todo o mundo ficou com pena. Até aqueles que o abandonaram depois que ele disse que era de direita.

— Mas foi um crime horroroso! Foi o quarto! Até então seus crimes foram realizados em lugares retirados, mas nesse caso você sequestrou o casal no Restaurante Dom Antônio!

— Eu conhecia os dois, foi fácil me aproximar. Estava bem vestido e tudo... A Daisy veio e me disse: "Oi Mau, tudo bem?"... Ela me chamava de Mau... Querida, né? Sempre me chamavam de Mauricio aonde quer que eu fosse... Ela decerto achava que "Mau" era um nome bem carinhoso...

— Como você a conhecia?

— Estudei com ela no Positivo, no colegial. O grande amor da minha vida.

— E ela sabia?

— Todo o mundo sabia que eu era apaixonado por ela...

— Pois é. E chegaram a ter alguma coisa?

— Só uma vez. Mesmo depois de a gente ter saído do Positivo a gente continuou a conversar. Eu tanto insistia que ela me desse uma chance que ela acabou dando. Deu pra mim, delegado. Você pode imaginar o que eu senti quando finalmente tive a chance de transar com o grande amor da minha vida?

— Sentiu pressão.

— Claro. Não tinha Viagra naquela época. Foi um vexame.

— E você, claro, ficou com raiva dela. Ela estava solteira na época?

— Estava. Ela estava dando uma chance pra mim. Como não deu certo, ela não quis mais saber de mim.

— Mas se ela gostasse mesmo de você, quem sabe desse certo.

— Você está me provocando, delegado?

— Não, é só uma pergunta.

— Pergunta inocente. Mas você tem razão, ela não gostava de mim.

— Foi difícil, imagino.

— Sempre foi.

— E como você fez lá no restaurante? Teve uma testemunha dessa vez.

— Sim, o cara que cuida dos carros me viu. Eu fiquei com medo mesmo que o retrato falado dele me dedasse. Mas aquele estacionamento é escuro, ele não me viu direito. E me viu de longe, ainda por cima.

— É, ele contou que o casal Daisy-Rafael já tinha dado uns trocados pra ele e que você chegou nos dois...

— Claro, eu me cuidei um pouco. Estava de boné, tinha deixado a barba crescer. Mas, enfim, foi sorte. O retrato falado não ajudou.

— Ele disse que você parecia amigo deles.

— Sim, eu tive sorte. Sabia que eles estavam lá no restaurante. Assim que postaram no Facebook, fui até lá de ônibus e contei com a sorte. Foi muita sorte tudo. Era sinal de que Morrissey estava comigo. Desci no terminal de Santa Felicidade, de boné, e fui andando até o Dom Antonio. Tive a nítida impressão de que o Morrissey estava me ajudando. E estava mesmo. Entrei no estacionamento do restaurante como quem não queria nada e, chegando lá, vi o casal chegando no carro. Pode acreditar numa coincidência dessas?

— Difícil de acreditar mesmo. E o que o casal tem a ver com os *lazy sunbathers*?

— Essa é fácil. A letra diz que *The sun burns through / To the planet's core / And it isn't enough / They want more*. Eles eram riquíssimos, o Rafael é dono de Prudentópolis, aqui no Paraná mesmo, mas os empregados dele sempre se queixam de não serem bem pagos. Eu mesmo fiz um trabalho para eles, tentei registrar um pedido na Aneel, demorou anos e ele me veio com o papo: "Seu vizinho conseguiu em dois meses o que você conseguiu em dois anos. Como você me explica?". Como eu explicaria, delegado?

— Se a história é verdadeira, não tem como explicar mesmo.

— Pois é. E é verdadeira.

— Enfim.

— Enfim, vejamos o resto da letra: *"Nothing Appears / To be Between the ears of / The lazy sunbathers / Too jaded / To question stagnation"*. Gente fútil, que só pensa em dinheiro. *"Religions fall / Children shelled / Children shelled? That's all / Very well, but would you / Please keep the noise / Down low? / Because you're waking / The lazy sunbathers / Oh, the lazy sunbathers / The lazy sunbathers"*.

— Já começou a cantar, Mauricio?

— Essa música diz muito pra mim.

— O casal Daisy-Rafael que o diga.

— Hahaha.

— Bem, mas pelo menos eles viviam bronzeados?

— Não, normal. Mas não precisa tomar sol pra ser descrito nessa música. Ela diz muito mais do que isso.

— Eles gostavam de ostentar?

— Gostavam. E de postar tudo no Facebook. Não era fácil.

— Você sentia inveja?

— Um pouco.

— E ela era rica? Casou com o dono de Prudentópolis por dinheiro?

— Acho que sim. Mas ela também era rica. Poderia ter ficado comigo.

— Pelo que você disse, você era insistente. Será que não tinha medo de sua insistência?

— Nunca pensei nisso. Mas certamente ela me via como um sujeito inofensivo, senão nem teria ido pra cama comigo.

— Faz sentido.

— Então, cheguei nos dois como se estivesse com o carro por ali. A Daisy falou: "Oi, Mau. Você por aqui?". E eu respondi: "Nossa, que coincidência! Eu estava saindo do restaurante. Vim jantar com uns amigos. Vi vocês e vim dar um oi. Agora vou de ônibus pra casa". "Ônibus a esta hora?", ela perguntou. "Sim, estou separado, tenho gostado de andar de ônibus, pra ficar pensando na vida...", falei.

— E todo esse papo à vista de todos.

— Nem todos. Era tarde, o estacionamento é escuro, o cara que cuidava dos carros estava longe. Mas o papo foi rápido. Me ofereceram uma carona.

— Você sabia onde eles moravam?

— Sim, era perto da minha casa.

— E eles sabiam que você morava perto?

— Não, me ofereceram carona até o terminal. Eu agradeci, disse que morava no Ahú e eles falaram que moravam no Boa Vista. Que feliz coincidência!

— Nem tão feliz.

— Hahaha.

— Você convivia com o casal?

— Não, depois da transa fracassada a gente meio que perdeu o contato. Mas a gente se via nos encontros do povo do Positivo, não tinha por que não sermos amigos no Facebook. Às vezes, ela até curtia alguma coisa que eu tinha postado. Ela mesma não era má pessoa, afinal de contas.

— Pois é. Mas você a escolheu como *lazy sunbather*.

— Ela e ele. E tinha mais: eu tinha que aproveitar a deixa e fazer aquilo que não tinha dado certo daquela vez. Precisava transar com ela.

— Não ficou com medo de brochar de novo?

— Tomei Viagra.

— Nossa.

— Ela tinha que saber que eu podia.

— Mesmo tendo que morrer depois.

— Sim. Voltando ao crime: estando atrás no carro, chegando à minha casa apontei uma arma para os dois. Eles estavam numa posição muito desfavorável. Mandei continuar em frente, na direção de Almirante Tamandaré.

— Não tentaram nada? Nem gritar?

— Era muito tarde, aquela BMW maravilhosa deles tinha vidro escurecido. Mandei os dois para um lugar bem abandonado, perto da chácara do meu pai. Era de lá que eu tinha saído quando vi a notícia do jantar dos dois no Facebook. Quando o carro parou, atirei na cabeça do Rafael três vezes. Ainda tinha três balas.

— Você tem tudo assim contadinho? Não leva balas a mais?

— Melhor não arriscar.

— E você não tinha medo de que a balística chegasse no seu revólver pelos tiros?

— Um 38 da década de 50 ou 60? Não deviam ter registros tão bons assim. Não iriam descobrir o do meu sogro.

— De fato, descobriram que era antigo, mas não o rastro específico do revólver. Enfim, a Daisy deve ter ficado desesperada...

— Sim. Mandei ela tirar a roupa e pus meu pau pra fora.

— Que pânico que ela deve ter sentido...

— Provavelmente. Mas eu só pensava em resolver aquilo que eu tinha deixado no meio do caminho havia anos. Já estava de pau duro, bendito Viagra. Pus camisinha, porque queria gozar dentro dela e não deixar rastros. Serviço completo.

— Conseguiu?

— Sim, mas não foi tão bom. Me senti meio frustrado. Só consegui a mulher que eu queria com um revólver na cabeça dela.

— Mas você tinha algo maior por que lutar.

— É claro. Foi o que me consolou. E a gozada foi boa. Enfim, estava com luvas cirúrgicas depois que apontei a arma para os dois. Transei com roupas, só com o pau pra fora. E de camisinha ainda. Se tivesse sorte, não descobririam meu DNA.

— Estuprou a Daisy dentro do carro?

— Foi fora.

— Atirou nela dentro ou fora do carro?

— Atirei dentro. Queria que aparecesse muito sangue lá dentro, pra disfarçar alguma marca minha. As minhas roupas eu comprei no dia.

— Mas você ainda a esfaqueou depois dos tiros...

— Sim, ela estava viva ainda quando usei uma faca de corte de carne que meu pai me deu pra ver como saía o sangue do pescoço.

— Sim.

— Eu tinha visto uma entrevista com o Chico Picadinho falando como o sangue saía do pescoço. Quis ver como era.

— E o que achou?

— Louco. Sai em jorros, um para cada batida do coração. Eu achei que devia ter esfaqueado ela antes dos tiros, quem sabe tivesse saído mais sangue. Mais uma frustração.

— E os tiros? Não ficou com medo que alguém ouvisse?

— Foram feitos dentro da BMW.

— E ela não gritou?

— No início eu falei que a amava e que ela seria poupada. E que eu me entregaria para a polícia depois. E que ela pensasse na filha, que ela poderia continuar cuidando. Aí ela ficou quieta. Acabei de gozar, dei o primeiro tiro na cabeça. Ela não esperava. Coloquei-a dentro do carro e dei as facadas.

— Você devia estar todo empapado de sangue.

— Sim. Eu tinha uma bermuda, uma camiseta e uma havaiana velhos numa mochila que eu tinha levado, dentro da qual também tinha sacos de lixo. Coloquei todas as minhas roupas em um saco de lixo dentro da mochila e fui andando de camiseta, bermuda e havaianas no meio do mato até a chácara do meu pai. Lá, tomei um banho, embalei a mochila com sacos de lixo, pus a coisa toda no porta-malas e saí para minhas aventuras noturnas.

— Transou de novo?

— Sim, na chácara.

— Não estava com cheiro de sangue?

— Acho que não.

— Não poderia acontecer de a garota de programa desconfiasse do cheiro de sangue, seu ou da mochila no porta-malas?

— Poderia, mas eu tive muitos cuidados.

— Logo se vê.

— Foi uma loucura esse crime. Fiquei com medo mesmo de ser pego. Quando descobriram a BMW abandonada lá perto da chácara, fiquei com medo, muito medo. Muita coisa poderia ter dado errado. Eu cuidei, mas eles podiam ter mandado algum sinal de SOS do celular deles, por mais que, assim que eu tinha apontado o revólver pra eles, tenha mandado que eles passassem os celulares deles para mim...

— Você deixou os celulares ali mesmo.

— Claro, se eu os levasse comigo a polícia poderia ter ido atrás de mim. De todo modo, fiquei com medo que algum cachorro seguisse meu rastro no meio do mato. Mas foi sorte, eu reconheço. A tecnologia brasileira não é a americana, eu sempre pensava nisso. Depois que o crime virou esse escândalo todo, que fez com que polícias de outros países se interessassem pelo assassino fã de Morrissey, achei melhor não dar mais tanta bandeira... Eu vivia pensando que logo a polícia iria bater lá em casa, para alegria do Guardian e da "Folha de São Paulo".

— Mas não chegaram nem perto.

— Não. O carro da Daisy e do Rafael era todo seguro, mas não tinha câmera de segurança. Não tinha uma imagem minha, nada. A testemunha só viu um sujeito de boné, com barba por fazer, no escuro.

— Você se arriscou como em nenhum dos outros crimes... Chegou a achar que o "teu Morrissey" ficou bravo com a falta de cuidados que você teve?

— Por incrível que pareça, sim.

— E o que você sentiu?

— Que ele ficou puto comigo, mas que me dava forças mesmo assim. Maior prova é que deu tudo certo.

— Você passou a ter mais certeza de que o Morrissey estava te ajudando de verdade?

— Mais certeza do que eu tinha é difícil até de dizer, mas acho que tive mais certeza sim. Muita coisa poderia ter dado errado. Só o fato de eu ter entrado no estacionamento do restaurante bem na hora que eles estavam chegando no carro já era um baita sinal.

— Tenho de reconhecer que, se foi assim, foi sorte mesmo.

— Logo você se convence do PODER DE MORRISSEY.

— Bem, e as roupas cheias de sangue?

— Enterrei numa madrugada lá na chácara mesmo. Dessa vez tive que enterrar bem fundo, bem de madrugada. Ninguém passa lá, mas mesmo assim tive que ter mais cuidado que o normal. Sempre dou uma passada lá para ver se saiu alguma coisa.

— E nada.

— Nada. O medo ajuda. Haha.

— Apesar da risada, você parece menos à vontade lembrando desse crime.

— É fato, delegado. Foi o crime que me deu mais medo. Sabia que o casal era importante, no dia mesmo fiquei com medo de alguma testemunha ter visto algo, sabia que teria consequências... mas...

— Você tinha uma missão. E como deu certo de novo, você provavelmente achou que tinha que continuar.

— Mas isso eu meio que sabia, por melhor que tenha sido a confirmação.

— Então...?

— Então que eu fiquei abalado de matar a Daisy.

— Ficou mesmo?

— Sim.

— Ficou com pena dela? Ela não merecia ser assassinada?

— Não, não merecia não, delegado. Ela nem era má pessoa, como já disse.

— Mas um pouco fútil ela era, na sua opinião?

— Provavelmente fútil, mas, insisto, estava longe de ser má.

— A partir disso, você acha que ela tinha ido transar com você por bondade?

— É louco, mas acho. Ela gostava de mim, como amigo. Tão amigo que foi me dar uma chance.

— Pensou nisso na hora do estupro?

— Não. Na hora eu só estava pensando que o corpo dela continuava lindo.

— E voltando pra casa, no que você pensou?

— Voltando pra casa eu me perguntei: "Nossa, olha o que eu fiz". E o fato de eu achar que o Morrissey ficou puto comigo por causa das bandeiras que eu dei não ajudou nada.

— Chegou a entrar em depressão?

— Fiquei mal um tempo, em pânico outro, mas logo que a investigação não foi pra frente fui me acalmando e partindo pra outra. Acho que o Morrissey também foi se acalmando, apesar de não ter parecido pra vocês. Como é que foi o relacionamento dele com vocês?

— Ele passou a semana aqui, se oferecendo para ajudar no que pudesse.

— E ajudou?

— Não muito. Logo ficou claro que ele não tinha ideia de como ajudar a encontrar um sujeito que usa as letras dele para matar gente. Ele nunca tinha imaginado coisa semelhante...

— Bem, mas ele sacou o padre do *I have forgiven Jesus*, o velho do *What difference does it make?*, a sapata do *All the lazy dykes*...

— Todos nós sacamos, né?

— E o que vocês sacaram sobre a mulher do Paulo?

— Tivemos que perguntar para o seu amigo se ela tinha alguma coisa a ver com homossexuais. Ele queria ajudar, coitado, acabou reconhecendo o casamento de fachada dos dois.

— Ela era lésbica mesmo.

— Era. Depois, no caso do *The lazy sunbathers*, nós estranhamos em ver um casal tão branquinho. Mas enfim, o negócio era a postura perante a vida. Mas eles nem eram tão alienados assim.

— Ajudavam uma ONG e tal...

— Você sabia?

— Claro. Adoravam postar como ajudavam gente no Facebook. Gente comprometida com o futuro dos pobres, na linha do Luciano Huck.

— Você é de esquerda?

— É impossível ser fã de Morrissey sem ser de esquerda. Se não é assim, é fake.

— Mas agora ele está se declarando de direita, né? Você mesmo comentou isso há pouco.

— Tudo fachada. Ele é e sempre foi de esquerda.

— Como assim?

— Morrissey tem uma preocupação real com os pobres. E quem tem uma preocupação real com os pobres é automaticamente de esquerda.

— Sua posição é polêmica, mas reconheço que faz sentido. Morrissey manda sinais para os dois lados do espectro político.

— Você não é burro, delegado.

— E a Daisy, apesar de não ser de esquerda, mesmo assim você se incomodou em matá-la?

— A pessoa pode ser uma boa pessoa e não ser de esquerda. No caso dela, acho que foi só falta de orientação mesmo. Ela foi mal orientada na família, acho.

— E você já pensou que nunca mais vai ter chance de transar com ela?

— Só seria assim, do jeito que foi... De todo modo, logo vocês perceberam que tomar sol não era o fundamental nesse caso.

— Não era não. O Morrissey reforçou isso quando estava aqui nos ajudando.

— E que orientação ele deu para vocês para o próximo crime?

Sweetie pie

— Para *Sweetie Pie*, Morrissey disse que provavelmente o criminoso iria tentar matar alguém num relacionamento feliz. Ou infeliz. De todo modo, a letra fala de um amor profundo. O trecho *How I feel in my mind / And how I live in the world / They are oceans apart*, mostra alguém desajustado. Essa noção aumenta com o trecho *I'm depending on you / To see I get safely to / The port where my heart / Is too lost to find / And will be there to meet you when it's your time.*

— Ele diz que depende do amado para achar o porto que ele está muito perdido para encontrar...

— Fora interromper um casamento feliz ou infeliz, qual a interpretação que o Morrissey deu para essa letra? No que ele estava pensando quando a compôs?

— Ele não disse.

— Bela ajuda, hein?

— Ele simplesmente falou que não tinha como algum maluco criminoso saber o que ele havia pensado com essa música...

— Maluco criminoso? Ousado esse rapaz...

—... E que ele tinha que tentar ajudar a polícia a interpretar as próprias letras para descobrir mais detalhes, quem sabe ocultos.

— Detalhes esses que vocês são mais especialistas que ele para encontrar, *por supuesto*.

— É, no fim foi isso.

— Eu digo que ele não queria me encontrar. Você reconhece que ele não foi de muita ajuda, então.

— Não foi não. Achamos que se ele falasse no que se baseou para cantar a música, poderíamos ter entendido alguma coisa oculta...

— Você e seu misticismo, delegado. Ele tinha razão.

— Mas foi ele que quis vir até aqui. A gente não pediu. Se ele falasse alguma coisa...

— Mas vocês não tinham assim tanta esperança, fala a verdade.

— Não.

— E o destaque que a vinda dele trouxe pro caso, ajudou ou atrapalhou?

— Não ajudou, mas trouxe uma visibilidade enorme. Várias polícias do mundo resolveram ajudar. Passou a ser quase um caso internacional.

— E nem assim me pegaram.

— Realmente, quando começaram a vir peritos de tudo o que é lugar, achamos que iríamos descobrir alguma coisa. Mas parecia que você tinha o dom de sumir do nosso radar.

— Graças ao Morrissey.

— Enfim, podia ser alguém, perdido ou não, quem sabe um viciado em drogas, e que tinha um companheiro. A ideia principal de todos é que você iria matar alguém que, graças à própria morte, esperaria o parceiro do "outro lado". No fim, foi isso que aconteceu mesmo. Você matou uma moça, abraçada com seu namorado, em plena calçada.

— Sim. E joguei a letra presa numa pedra. Bem coisa de filme.

— Que diabos você tem na cabeça pra pensar que Morrissey queria matar alguém com uma letra como *Sweetie Pie*?

— Eu não, ele.

—...

— Ok, eu. Haha.

— Pelo visto, para você esse crime foi melhor.

— Eu não conhecia a moça que morreu, reconheço que foi menos traumatizante.

— Chega de grandes emoções, é?

— Bem, eu contei que estava com medo de ser pego.

— E realmente não foi pego.

— Viu só? Como eu dizia...

— Enfim, bem, embora a gente tenha deduzido que você iria matar alguém em um casal, eu gostaria mesmo que você explicasse o que uma coisa tem a ver com outra. A letra do Morrissey fala de alguém que quer se matar, não de alguém que pedia para ser assassinado. Veja aqui: *I'm ending my life / Because I've fallen in love / And nothing is enough / I'm depending on you / To see I get safely to / The port where my heart / Is too lost to find / And will be there to meet you when it's your time*. Então, *I'm ending my life* é alguém que está *se matando*.

— E, lá do outro lado, ele vai esperar o parceiro quando for o tempo dele, do parceiro.

— Parece que temos a mesma interpretação da música, não?

— Sim, parece claro.

— Qual a motivação do assassinato por parte de Morrissey, agora?

— Ele achou a história bonita. Quis ajudar a mulher a ir para o outro lado. Para esperar o companheiro que morreu.

— Puta que pariu. Mas você não disse que Morrissey não acredita em Deus?

— Claro que não acredita.

— Se não tem Deus, ele acredita em "outro lado"?

— Não, não acredita.

— Então por que ele queria separar esse casal?

— Porque ele sentiu que era o que eles queriam. A mulher era uma chata, grudenta, tão perdida que se sentiria melhor indo para o "outro lado". Como o "outro lado" não existe, ela fez o melhor para si e, claro, o melhor para o parceiro, que se livrou da encrenca que ela representava.

— Ele queria matar por bondade, então?

— Claro. Só não vê quem não quer.

— Eu confesso que não quero e não consigo entender uma ideia imbecil dessas...

— Ah, delegado, pense um pouco.

— Por mais que eu pense, não dá.

— Mas assim que é. Nesse caso, Morrissey foi uma espécie de justiceiro. Quis livrar a terra de um peso – a depressiva chata – e deixar o cara livre.

— Por que essa raiva contra depressivos? Ele mesmo não é um?

— É. Bom motivo para ter raiva.

— Não acho tão bom assim.

— Tem o lado de que os fãs dele, em sua maioria, são depressivos e chatos.

— Assim, matando uma mulher depressiva, ele está matando seus próprios fãs? Se todos os fãs morrerem, ele vai viver de quê?

— Ele já tem dinheiro suficiente. Não precisa mais de fãs.

— Mas cada ideia idiota.

— Além do quê, ele sabe bem que os fãs dele são tão idiotas que ninguém acreditaria no ódio que ele sente por eles.

— Arre. Não só cada crime é diferente, como as justificativas vão ficando cada vez mais estapafúrdias...

— Assim é que é, delegado. Não adianta tapar o sol com a peneira. Ninguém aguenta os fãs do Morrissey. Você já foi no morrissey-solo?

— No site dos fãs? Já. O crime era um assunto perene por lá. Tive que dar uma chegada, por motivos profissionais.

— Você então percebeu como são insuportáveis os fãs dele?

— Na internet tem muita gente chata...

— Mas não como os fãs dele. Gente pedante, que se acha melhor do que os outros, que julga o gosto alheio. Nunca esqueço quando entrei lá e disse que era fã de Korn...

— Você é fã de Korn?

— Amo. Algum problema?

— Não. Normalmente fãs de Morrissey não curtem *new metal*...

— Nem nenhum som pesado. Nada que saia daquela bobajada de Echo And The Bunnymen, The Cure, James, Gene e aqueles sons chinfrins de sempre.

— Te trataram mal, então?

— Se você apareceu por lá, imagina o que eu passei.

— É.

— Achou engraçado é, delegado?

— Bem, acho engraçado um sujeito com a sua panca ser fã de Korn e que, ainda por cima, arranja confusão no morrissey-solo por causa da banda.

— E você, delegado, como é que conheceu o Korn?

— Tenho um amigo que curte.

— E você?

— Não muito. Estou com os fãs de Morrissey nessa. Haha.

— É a primeira vez que você ri, delegado.

— Bem, digamos que eu tenha gostado de ver você sem graça com um assunto bobo desses. Enfim, vamos voltar ao assunto que o trouxe aqui.

— Quero falar mais dos fãs insuportáveis. A única alegria que eu tinha no meio de tanta gente babaca era imaginar o que aqueles estrupícios iriam achar se soubessem que o grande ídolo deles fazia todas as músicas pensando em matar gente. Ah, quando eles souberem...

— Você acha que eles vão acreditar nessa sua história sem pé nem cabeça?

— Alguns vão. Ela faz muito sentido. Os que não acreditarem vão fazer o típico papel de fãs do Morrissey, são imbecis. Não que eu ache que todos os que não acreditam na minha história sejam imbecis, mas todo fã de Morrissey que não acredita é.

— Todo? Certeza?

— Todo não, é uma impossibilidade estatística. Mas uns 95%, não tenho dúvida.

— É engraçado conversar com você. Você tem umas ideias estapafúrdias, mas um raciocínio sofisticado.

— Haha. Imagino que você tenha seus motivos para chegar a essa conclusão...

— É. É pena que só tenha te conhecido aqui. Teria sido interessante sair para bater um papo com você em outra ocasião.

— Quando falei na nossa recém-criada amizade você ficou puto. O que mudou de lá para cá? Nem faz tanto tempo assim...

— Sei lá. Lamento pelo seu destino. De verdade.

—...

— Não fique assim.

—...

— Quer continuar hoje ainda, ou quer deixar para outro dia?

— Não. Tenho que ir até o fim. Você concordou com as regras.

— Mas a gente muda. Você mesmo já sacou que mudei com você.

— Não faz sentido. Vamos voltar ao depoimento.

— Descreva esse crime. Você conhecia o casal Ronald e a Maiara, que você separou para sempre?

— Para sempre? Cadê o católico praticante, delegado?

— Vamos voltar ao depoimento. Você conhecia os dois?

— Não.

— E como é que você sabia que eles se amavam e que um iria *para o lado de lá* enquanto que o outro ficava *do lado de cá*?

— Eles estavam se abraçando na calçada.

— Só isso? Não me conformo.

— Pode se conformar. Não se esqueça de que Morrissey tem um poder mental fantástico. Senti que era o casal que ele queria.

— Enfim, já tentei entender sua linha de raciocínio, mas confesso que tem horas que não consigo mesmo.

— Ok. De todo modo, vamos combinar que tem sua lógica.

— Bem, como é que você fez? O assassinato foi de moto dessa vez.

— Sim, eu me baseei nos assassinatos de moto que pipocam em tudo o que é lugar...

— Já sabia andar de moto?

— Não, aprendi especialmente para a ocasião...

— Aprendeu a andar de moto para matar...

— Aprendi para fazer a vontade do Morrissey.

— Enfim. Deve ter treinado bastante para poder atirar dirigindo. Você sabe que normalmente esses assassinatos de moto são feitos em dupla. Nunca pensou em contratar algum matador de aluguel?

— Sim.

— Mas será que o Morrissey que você acha que quer matar gente não ficaria puto com você?

— Com certeza que não. O importante é matar. *Como* matar não é problema dele. Se eu contratasse alguém ele ficaria igualmente feliz, já que teria sido a meu mando e estou satisfazendo um desejo dele.

— Por que acabou não contratando nenhum matador, então?

— Basicamente porque não conheço ninguém no meio. Não tinha para quem perguntar: *"Você conhece algum assassino de aluguel?"* sem despertar suspeitas. Tenho poucos amigos e nenhum com quem tenha liberdade de fazer uma pergunta dessas.

— Se alguém viesse prestando esse serviço para você, então você provavelmente aceitaria.

— Sim.

— Não ficaria com medo de chantagem por parte do matador?

— Era uma possibilidade. Mas é uma realidade muito distante da minha. Enfim, não tive como conversar sobre o assunto com ninguém.

— Ok. Como é que você treinou a pilotagem e o assassinato?

— Com a moto foi tranquilo. Passei a utilizá-la para tudo o que é coisa, rapidamente virei expert na coisa.

— E atirar com a moto?

— A ideia era fazer a coisa o mais rapidamente possível. Queria que o namorado se assustasse tanto que não tivesse tempo de ver a placa.

— Arriscado, hein?

— Muito.

— Atirou dirigindo, então?

— Sim.

— O que eles estavam fazendo?

— Era noite, no Boqueirão. Uma região de periferia, mas residencial. A minha ideia era achar um casal de namorados abraçado, se beijando, numa rua deserta e atirar. O primeiro casal com essas características que eu encontrasse seria o escolhido.

— Era um sinal de que o casal se englobava nas características que você enxergou em *Sweetie Pie*: ela depressiva e ele aguentando a moça sabe-se lá como. Isso?

— Sim.

— E em que posição eles estavam?

— Ele encostado num muro, ela abraçada nele. Estava quente a coisa. Ficou mais depois que eu passei. Haha.

— E como você fez?

— Como o amor dos pombinhos tava meio intenso, eu cheguei dirigindo devagar na rua, onde não tinha ninguém, fiquei numa posição favorável e dei um tiro na cabeça dela. Só um. Assim que atirei, acelerei. O rapaz ficou tão assustado que não viu a placa, ainda mais que estava escuro e eu tirei as luzes da placa. A letra da música eu joguei numa rua próxima. Não podia jogar do lado dele, ele ia acabar se mancando e vendo a placa. Sabia que vocês iam fazer o serviço bem-feito.

— Não é assim tão difícil relacionar uma pedra ligada a um papel com duas letras de Morrissey com um crime ocorrido a algumas quadras dali...

— Mesmo assim.

— Bem, enfim você levou sorte de novo.

— Mais do que sorte. Você sabe que isso tudo era sinal de que o Morrissey tava dominando tudo. O poder mental dele, digo.

— Sim, já deu para entender. O que não deu para entender é que a Maiara, a moça que você matou, não era nada depressiva. Esquadrinhamos a vida dela, as redes sociais, tudo. Ela era uma moça legal, tranquila, ninguém tinha uma queixa dela...

— Depois que morre vira uma santa.

— Esquadrinhamos o Facebook, o Twitter, o Instagram, tudo. Não tinha nada que sugerisse depressão.

— Nessas redes sociais todo o mundo parece mais feliz do que é.

— Mas o Ronald, conversamos com ele, ele estava abaladíssimo.

— Claro! Ele quase morreu! Ficou cheio de sangue quando atirei. Parecia a Jacqueline depois do tiro no John Kennedy. É claro que ele estaria abaladíssimo.

— Mas ele não falou mal dela, nem que a presença da Maiara o cansava, nem nada disso. Ele parecia a amar completamente.

— Isso acabaria por destruí-lo. Ele estava tão apaixonado que não via como ela estava colocando o coitado pra baixo. Ele vai superar.

— Já não me espanto com nada do que você fala.

— Imagino.

— Bem, e o próximo e último crime ocorreu anteontem. Foi baseado na minha música preferida do Morrissey, *Drag The River*.

Drag The River

— Ninguém gosta de *Drag The River*, delegado.

— É a minha preferida. Ela me toca como nenhuma outra música jamais me tocou. Como eu te disse, não consegui virar fã de Morrissey. Mas essa música é diferente. Fiquei puto com o que você fez com ela.

— ...

— Eu sei que não devo misturar emoção com a profissão...

— Que clichê, delegado.

— Mas esses crimes estavam desgastando todo o mundo. Você deixou meio mundo louco. Quando vi, no crime da moto, que a próxima música era *Drag The River*, tentei te encontrar o quanto antes. Passou a ser pessoal.

— Mas que estranha essa sua ligação com essa música, não acha?

— Não importa. Ninguém ficou sabendo como esse crime me abalou.

— Mas nossa conversa está sendo gravada.

— Não importa. Já te encontramos. Todo o mundo tem uma música que abala de verdade.

— "Todo o mundo" é uma impossibilidade estatística. Preciso explicar?

— Porra.

— Enfim, o que te atraiu tanto nessa música que ninguém conhece?

— A poesia. Essa música é uma poesia.

— Complexa.

— Como toda poesia. Às vezes chego a pensar que o Morrissey tem boas chances de ganhar o Nobel depois de *Drag The River*.

— Mas você gosta mesmo, hein delegado? É demais ou posso pedir o motivo desse amor todo?

— É demais. Só vou dizer que é uma canção que fala do duplo. Ele fala do duplo nessa música. Eu sempre achei, desde criança, que eu tinha um duplo meu em algum lugar... E parece que Morrissey descobriu isso...

— Eu digo que ele tem poder mental. Taí um delegado falando no duplo com um assassino confesso.

— E você pegou essa música linda, conspurcou toda a poesia e afogou um casal de adolescentes no Rio Nhundiaquara, à noite, de madrugada. Eu não aguentei mais, pedi para sair do caso.

— Sério? Eu não sabia.

— A imprensa não podia saber.

— E é claro que você não falou pro pessoal da polícia que era por causa de uma *poesia musicada* que você estava caindo fora, né?

— Não. Aleguei estresse. Disse que outra pessoa, com novas ideias, poderia mudar um pouco o rumo da investigação e te achar.

— E o que te falaram?

— Estão tentando me convencer a ficar.

— Certos eles. Até entendo que você sair dessa investigação por causa de uma *poesia* é coisa que só se explica pelo estresse. O que você respondeu para eles?

— Que eu ia pensar.

— Fez bem. E agora que você me descobriu não está batendo bem e, finalmente, tá confessando que quis sair da investigação por causa de uma *poesia*.

— Pode ser. Você tem ideias estranhas e é um assassino em série, mas fala coisas inteligentes.

— A gente podia ter sido amigos.

— Enfim, esse crime ocorreu há três dias e foi o último. Você não foi cuidadoso, estávamos seguindo pistas que iriam chegar fatalmente em você. Você nem sabia, mas deixou pistas demais dessa vez.

O VERÃO DE 54 (NOVELAS)

— Sabia sim. Era meu penúltimo crime. Não precisava me cuidar tanto.

— Penúltimo?

— Sim. Teve mais um. Vocês nem ficaram sabendo... ainda.

— Puta que pariu!

Meat is murder

— Descobriram?

— Sim.

— Achei que vocês seriam mais rápidos. Três dias é muito tempo. Faz três dias que nós nos falamos. Fiquei aqui quietinho, esperando.

— Você o escondeu bem.

— Sempre gostei de *gran finales*.

— *Finale*? Não tem mais um? Você colocou outra letra lá.

— Você não quer falar desse último crime antes de falarmos da última música?

— Vamos. O assassinado, outro Paulo, era empregado de um açougue e a música dele era *Meat is murder*. Morrissey é vegetariano desde sempre, faz campanhas para a PETA... O vegetarianismo é parte integrante do lado mais polêmico do cantor. Não tem muito que explicar sobre o motivo da morte de Paulo.

— E vocês não estavam esperando a morte de alguém ligado à matança de animais?

— Claro que esperávamos, ainda mais que você colocou a letra de *Meat is murder* depois daquele horror que foi *Drag the river*...

— Três dias depois você conseguiu descobrir o assassino e você continua com esse trauma, delegado?

— Já falamos sobre isso.

— Enfim, você não achava que eu iria matar alguém graças a *Meat is murder?*

— Sim, mas você se entregou antes...

— Poderia ter matado alguém e vindo me entregar, né?

— E foi o que você fez.

— Basicamente, sim. Só tomei um banhinho antes.

— E veio direto pra cá?

— Sim. Você se lembra de como é que foi.

— Sim, me acordaram de madrugada. Você chegou aqui e disse que precisava falar comigo. E me tiraram da cama.

— Foi difícil convencer o pessoal que o que eu tinha era realmente importante. Mas como sou um engenheiro, falo bem e tudo, o pessoal acabou te chamando. Se eu fosse um pé rapado não iria rolar.

— Sei lá.

— Aí você chegou, não sabia quem eu era, não sabia o que eu estava fazendo, o que eu queria...

— ... Eram quatro da manhã...

— ... E eu exigi falar com você. E que tudo o que eu tinha para contar, contaria para você.

— É. Você me contou coisas que só a polícia sabia. Em pouco tempo acabamos dando como certo de que era você mesmo o criminoso.

— Sim. E na hora de dar explicações sobre a motivação dos crimes, exigi novamente ficar a sós com você.

— Foi o que fizemos na conversa há três dias.

— Você me conhecia antes, de algum lugar, ou só passou a saber da minha existência pelos assassinatos?

— Você era uma espécie de porta-voz da polícia, né, delegado? Passei a considerar você como uma espécie de amigo.

— Mas é maluco mesmo.

— Ah vá, delegado. Era impossível não sentir um pouco de orgulho ao saber que eu estava enganando um sujeito tão legal, tão bem preparado quanto você.

— Porra.

— Não quis ofender, quero deixar bem claro.

— Depois de conviver com você, já dá para acreditar nessas coisas que você fala.

— Hahaha, acredita no poder mental do Morrissey?

— Não, mas acredito quando você diz que não quis me ofender.

— As coisas são complexas, né?

— Sim.

— Qualquer hora você vai acreditar que eu não tinha outra opção, senão fazer os crimes.

— Na sua mente, bem, até acredito que isso funcione assim. O que não quer dizer que isso faça algum sentido.

— Está com dúvidas sobre o que faz ou não sentido?

— Não, não estou. Estou cansado.

— Ao mesmo tempo em que gostou de mim... está dividido.

— Não, não estou. Fico pensando na família do pobre açougueiro. Estava desaparecido, fui eu que tive que avisar a família. Isso é muito triste. A morte foi muito cruel. Ele foi atirado vivo lá do Viaduto dos Padres.

— Bem, Morrissey realmente odeia o consumo de carne. Tinha que ter um pouco mais de crueldade. Mais do que isso, eu sabia que era meu último crime, não precisava mais me cuidar tanto.

— Mas você poderia ter torturado o coitado, coisa que você não fez.

— Atirar ele lá de cima vivo já foi bastante cruel.

— Você não perdeu a noção de crueldade, né?

— Não. Assim como não perdi a noção da função que eu tinha que cumprir.

—...

— Você está mesmo com cara de cansado, delegado.

— Não teria como ser diferente.

— Nem perguntou como eu fiz.

— Só se sabia que o coitado estava desaparecido. Como é que você fez?

— Fiquei na frente daquele açougue enorme no Bacacheri, só esperando que saísse o último funcionário.

— Foi aleatório, então?

— Sim. Se fosse uma moça, ou o dono, ou quem quer que fosse, seria assassinado. Bastava que fosse o último e que saísse de ônibus.

— O açougue tinha segurança...

— Pois é, mas o coitado do funcionário tinha que ir até o terminal do Boa Vista para pegar ônibus de madrugada. Aí foi só seguir o coitado e pedir com educação para que ele entrasse no meu carro.

— É feio usar de ironia para um caso desses. De todo modo, como é que você fez?

— Apontei minha 38 e fiz o cara entrar no meu carro. Algemei-o e coloquei-o no porta-malas. Como nos filmes. Tapei a boca do sujeito com uma fita daquelas que se usam em filmes para esse fim.

— E como é que você fez para ele não ficar se batendo lá atrás? Entre o Bacacheri e o Viaduto dos Padres tem um pedágio...

— Eu tinha algema para os pés e amarrei bem o sujeito com umas cordas de mudança. Ele ficou em posição fetal e não tinha como chutar as paredes do porta-malas. Coisa de filme. Chegando lá no Viaduto dos Padres, tirei-o do carro, dei um tiro, que atingiu as duas mãos, para ele ficar sem ação, desamarrei o sujeito, tirei as algemas e empurrei ele lá de cima. Ele estava fraco.

— Não ficou com medo que ele desse um soco e te pegasse? Mesmo com dor nas mãos? Afinal, para empurrá-lo você precisava de um contato físico maior. Sem contar que você podia se desequilibrar também e cair.

— Mas ele estava fraco, meio sem ar.

— Não pensou em matar ele antes de jogar?

— Achei que o Morrissey teria preferido desse jeito.

— Assim, com uma crueldade maior, porque ele odeia quem come carne?

— Isso.

— E você? Você come carne, Mauricio?

— Não.

— Por causa do Morrissey?

— Nunca gostei. Como o Paulinho da Viola.

— Será que se você comesse carne você iria captar as ondas mentais assassinas do Morrissey? Você tem alguma teoria a respeito?

— Nunca pensei no assunto. Mas pode ser. Vai saber. Tem que perguntar para o Morrissey.

— Já discutimos isso.

— Enfim, na carta que estava junto com o último assassinado constava mais uma letra.

— Incrível não ter caído, né?

— Não deboche. Você colocou o papel com as letras numa pochete e a vestiu na vítima.

— Sim, aquelas pochetes que as pessoas levam em viagem, para levar dinheiro embaixo da roupa.

— Quando você obrigou o açougueiro a colocar aquele negócio embaixo da calça dele?

— Assim que o peguei, ainda no Bacacheri. Com um revólver nas mãos as coisas ficam mais fáceis. É uma coisa que descobri nessas minhas aventuras. Pena que não vou ter mais nenhuma.

— Não pretende retomar sua vida de crimes?

— Bem, vou ficar preso um bom tempo...

— Não pensa em fugir?

— Não penso não.

— Depois de libertado, pretende praticar mais crimes?

— Não, já cumpri minha missão.

Sorrow Will Come In The End

— Bem, posso deduzir então que a última letra se referia a você, então?

— Sim. A tristeza vai ficar comigo no fim.

— Cruel isso, né?

— Sim.

— E o que você sente depois de tudo?

— Alívio, delegado. Deus sabe o alívio que estou sentindo agora.

CONVERSÃO

"Veja! Eu hoje dou a você autoridade sobre nações e reinos, para arrancar, despedaçar, arruinar e destruir; para edificar e para plantar".

(Jeremias 1:10)

Primeira parte

Capítulo 1 – Terça-feira

Indolente, Jorge Passos estava em seu consultório enquanto aguardava uma cliente. O entardecer em Curitiba, às vezes, tinha essa cor e esse cheiro peculiares. A falta de chuva fazia com que os olhos ficassem um pouco irritados, mas esse pequeno mal-estar era totalmente compensado pelo fato de que durante todo o dia o sol aparecia sem nuvens e o céu tinha uma bela cor azul – ao contrário do habitual, pois a cidade é famosa por ser úmida e chuvosa em grande parte do ano. Jorge se sentia tão bem que, ao contrário do que acontecia normalmente, não só não se incomodava como, ainda, sentia prazer em ouvir o saxofone que Dario, o dentista do andar superior, estava tocando naquele momento. Ter um músico logo acima quase fez Jorge mudar de consultório, mas o costume e a impotência, por fim, acabaram vencendo: se até o principal canal de TV local elogiara o saxofone do dentista numa longa reportagem, quem seria ele para reclamar?

Jorge raramente ouvia música. Para ele era difícil entender por que as pessoas são tão viciadas em melodias, estilos, ritmos, danças. Não que a música não tivesse sido importante para ele: naquela idade em que os jovens precisam ser mais sociáveis para conhecer uma namorada, Jorge obrigou-se a convidar sua atual esposa, Joana, para uma dança. Ele já gostava dela havia muito tempo, mas sua timidez, aparentemente invencível, tinha-o feito adiar e adiar o momento de fazer a primeira aproximação – que acabou sendo muito mais fácil do que imaginara. Afinal de contas, seus amigos diziam que até as pedras da Rua XV sabiam que Joana sempre fora apaixonada por ele. No fim, acabou sendo fácil mesmo. "Quer dançar comigo?". Um sorriso enorme – e de certa forma –, inesperado, foi sua resposta. *"We're so glad that you finally decided"*, Jorge leu essa frase uma vez na internet e, não sabe bem por que, procurou a música que a originou: o rock de um cantor de voz meio esquisita. Não foi o suficiente para Jorge se interessar mais pelo assunto, mas, paradoxalmente quando se trata dele, não achou a música ruim – e nem se esqueceu da frase.

"We're so glad that you finally decided". Ficamos tão felizes que você finalmente se decidiu. Foi isso que aconteceu, afinal. Seus pais, seus amigos, seus parentes, todos ficaram felizes quando Jorge arranjou uma namorada firme. É claro que ele nem pensara em ter outro tipo de relacionamento que não fosse fiel e de longa duração. Termos como "aproveitar a juventude" nunca fizeram muito sentido para ele. Ter um relacionamento fixo, namorar, confiar, era o que sempre quisera – e Joana, apesar de não ser exatamente o que Jorge imaginara para ele (falava demais, agitada demais), acabou lhe dando certa estabilidade emocional. E assim, um tanto pela inércia, um tanto pelo amor, Jorge namorou, noivou, casou, teve filhos. E a vida profissional: a formatura, a residência em traumatologia, o trabalho no hospital, a abertura do consultório.

Tocou a campainha. Finalmente, a paciente chegou – dez minutos atrasada. Jorge não gostava de atrasar as consultas e os atrasos dos pacientes costumavam exasperá-lo. Mas nunca se estressava quando a paciente era a Fernanda. Ela tinha quebrado feio o fêmur num jogo de handebol, não tinha sido fácil fazê-la andar de novo. Mas Jorge conseguiu: atualmente, ela nem mancava mais, embora – conforme ele tinha contado para seus pais, desesperados – praticar seu esporte em nível competitivo provavelmente tivesse que estar fora de seus planos dali em diante.

Fernanda é uma moça de seus vinte anos, alta, bonita e um pouco estrábica. Não chega a ter uma beleza deslumbrante, mas em pouco tempo de conversa alguma coisa parecida com magnetismo pessoal chama a atenção das pessoas. Jorge, se por um lado não fica imune ao charme de sua cliente, por outro tem bastante autocrítica para saber que não teria assim grande chance com ela: barrigudo, sessentão, casado, o médico fica feliz apenas em ter, no consultório, a presença luminosa de Fernanda. A alegria dela sempre o contagia e é com um pouco de melancolia que Jorge pensa que a verá cada vez menos nos próximos tempos. No início do tratamento, claro, chegava a vê-la diariamente: a coxa dela ainda doía bastante nos dias em que ele ia visitá-la no hospital. Depois de mais um tempo ela voltou para casa e passou a visitá-lo no consultório. Como não poderia deixar de ser, os encontros profissionais ficaram cada vez mais espaçados à medida que a perna melhorava. A próxima consulta, Jorge previa, seria dali a uns três meses.

— E então, Fernanda, como está se sentindo?

Cada vez melhor. Fazer esportes ainda fazia alguma falta para ela, mas nada assim tão grave. Só o fato de praticamente não estar mais mancando já a fazia se sentir bem.

Uma consulta de rotina, enfim. Apenas para saber se a cliente não piorou. É com uma pontinha de tristeza que Jorge se despede dela:

— Tchau. Continue a fisioterapia, está te fazendo bem. Até a volta.

— Tchau, doutor.

Ela estava saindo, abre a porta, para, vira-se e diz:

— Doutor, é verdade que o senhor tem um Troller?

— Um jipe? É verdade, sim. – Jorge o comprara para poder aproveitar melhor uma de suas maiores paixões, a pesca.

— O senhor não teria vontade de ir com a gente num passeio *off-road*?

— Eu?

— É, o senhor mesmo. Eu, meu irmão e meus pais sempre fazemos esse tipo de passeio, e dessa vez vamos levar mais um casal. Só que eles não cabem no nosso jipe. Se o senhor for com a sua esposa, leva nossos amigos e vai fazer um passeio bonito. Não sabia se o senhor se interessaria, mas não custa perguntar, não é?

— Até que não seria má ideia. Aonde vocês vão?

— Salto Morato, bem pertinho de Guaraqueçaba. A gente pega a estrada, conhece as redondezas, passa a noite acampando.

Salto Morato. Guaraqueçaba. Já tinha ouvido falar bastante dessas localidades situadas no quase intocado litoral norte do Paraná, mas nunca fora até lá. Um amigo dele, o Antônio, tem uma casa na cidadezinha e o convidou diversas vezes para ir pescar lá com ele – mas nunca tinha dado certo. Agora ele tinha perdido o contato com o Antônio. E perdeu o contato com Guaraqueçaba.

Na verdade, esses passeios fora de estrada sempre foram, para Jorge, melhores na imaginação do que na realidade. Depois de comprar o jipe ele descobriu, meio tarde demais, que o que ele gostava mesmo era de estar na beira do rio pescando. Não importava o tipo nem a quantidade de peixes. Ele gostava do cheiro do rio, de ver o movimento da água, de sair um pouco de casa. Quando percebeu que era isso o que lhe dava prazer e que levar quilos de peixe para casa não era assim um objetivo tão importante a ser alcançado, deixou de pensar em coisas do tipo "como seria bom chegar naquele pesqueiro inacessível". Os locais de difícil acesso aonde foi depois de comprar o jipe eram semelhantes em tudo àqueles nos quais ele ia com carros comuns – a única diferença estava na dificuldade do acesso. Jorge acabou concluindo que essa história de *off-road* é só incômodo: não há nada de divertido em atolar o jipe numa estrada isolada durante uma tempestade.

Mas aqui a situação era diferente. Ele ficaria mais perto da Fernanda: perto dela, ele – por mais ridícula que fosse a situação, ele reconhecia – se sentia rejuvenescido. Definitivamente, não era todo o mundo que o fazia sentir-se assim. Depois, uma viagem que não tivesse o objetivo específico de pescar, e ainda com pessoas do sexo oposto, seria quase uma novidade para ele. Não custava tentar.

— Até que a ideia não é má, Fernanda. Quando vocês vão?

— Daqui umas três semanas.

— Bem... eu preciso falar em casa. Minha mulher não é muito fã desse tipo de programa...

Na verdade, isso era um eufemismo. Joana odeia esse tipo de programa. Só a ideia de estar no meio do mato, num local infestado de mosquitos, faz sua mulher ter calafrios. A ideia principal de Jorge é dizer que vai pescar com amigos, o que vai fazê-la reclamar um pouco, mas, como já faz tempo que ele não pesca, é bem provável que ela não o incomode.

— Mas com a gente ela vai gostar de ir. Eu ligo para sua esposa e a convenço.

Isso, definitivamente, não estava nos planos dele. Conhecendo bem Joana, Jorge sabe que um programa com outras mulheres não é exatamente o que ela quer para o esposo. Sim, uma delas é casada e vai estar com o marido. Mas a mulher de Jorge não funciona assim. Às vezes, Jorge acha que ela é uma pessoa da Era Vitoriana que caiu, de surpresa, nos tempos atuais. Tudo o que ela vê na televisão e que represente qualquer tipo de *evolução nos costumes* lhe causa asco. Basta ver alguém tatuado que ela começa a praguejar, às vezes baixinho, às vezes em alto e bom som. Joana não se conforma, até hoje, com saias curtas, rock, liberação sexual: é tudo uma "pouca vergonha". Um verdadeiro "absurdo".

O seu maior pânico, quando da adolescência de seus dois filhos – Cecília tem hoje trinta e três anos, Paulo trinta e quatro – era que um deles usasse qualquer tipo de droga – ilícita, claro. E Jorge soube, quando a filha estava no final da adolescência, que ela estava usando maconha. Para ele não foi tão difícil assim de perceber, pelo comportamento dela, por seus olhos vermelhos e pelo cheiro – que o médico sempre achou horrível – de algumas de suas roupas.

Foi um tempo de medo para ele, e não só pelo fato de sua filha se drogar: o médico sentia um verdadeiro pânico em pensar na reação intempestiva de sua esposa caso ela soubesse que Cecília virara "maconheira". Joana certamente não sossegaria enquanto a filha não fosse internada. Para a mulher de Jorge, não havia diferença entre fumar um cigarro de maconha por dia (a garota não devia estar consumindo mais do que isso – era o que o médico achava, pelo menos) ou tornar-se dependente de heroína. Tudo era droga. Tudo acabava com a juventude. Tudo era o mal.

E ainda tinha o sexo. Filha da Joana, ela sempre tinha achado, tinha que casar virgem. De qualquer maneira. A sexualidade da filha (não a do filho, pois ela era machista também) era outro tema tabu para a esposa de

Jorge. De todo modo, na época da maconha a mãe já sabia que a filha não era mais virgem.

Enfim.

Na cabeça de Joana, deixar Jorge viajar apenas com um casal e a filha certamente era a porta de entrada para orgias pavorosas. Era impossível que ela permitisse a viagem.

— Não, Fernanda, pode deixar que eu mesmo falo com ela...

— Mas o senhor tem certeza de que não quer que eu ligue?

A situação estava ficando insustentável. Ele teria que falar a verdade para sua cliente? Será que Fernanda tinha ideia de que poderia causar uma confusão na casa dele? Jorge não sabia direito o que fazer. Se ele continuasse impedindo o contato entre as duas, quem sabe a moça achasse que havia algo estranho. O médico resolveu arriscar, já perdendo a esperança de ir para Salto Morato:

— Bem, pode ligar. quem sabe você a convença.

Passou o telefone da mulher para Fernanda. Fosse o que Deus quisesse.

Capítulo 2 – Terça-feira à noite

Jorge chegou em casa e sua mulher o estava esperando na sala. Estranho aquilo. Na hora em que ele chega normalmente ela está com seus artesanatos. "É para passar o tempo", é o que ela dizia quando começou a fazer cursos de embalagens de papel kraft, arranjos de flores artificiais e pintura em porcelana, depois que os filhos saíram de casa. Jorge até que não se incomodava com o número enorme de badulaques que começou a pipocar por causa da intensa produção de Joana. O pior, para ele, foi a obsessão dela: principalmente no início, ela não falava em outra coisa que não fossem materiais, cursos, vendas, feiras. Ele estava acostumado com o jeito anterior dela, falando nos filhos o tempo todo – e, no fundo, ele achava que aquilo era correto. Não havia nada de assim tão errado numa mãe que só tinha um assunto, seus filhos. Mas artesanato? Jorge nunca tinha se interessado por esse tipo de coisa, que sempre lhe pareceu atividade de gente que não tem um trabalho sério. E, é forçoso admitir, ver sua mulher falando o tempo todo em tintas, cursos e técnicas não o fizeram mudar muito de ideia.

— Olá, tudo bem? Veio me ver, hoje? – perguntou, meio debochado.

— Uma cliente sua me ligou. – A sua mania de falar o que a incomoda, sem se preocupar em responder a perguntas.

– Nos convidou para ir para o Salto Morato, né? Espero que você não tenha sido grosseira... – Joana parecia muito excitada para perceber o tom de voz provocativo de Jorge.

– Não, imagina! Muito simpática a mocinha que ligou. Ela garantiu que lá é um lugar muito bonito, muito limpo. Fiquei de pensar se iria.

Estranho. Muito estranho mesmo. Será que a Fernanda disse para a Joana que lá tem um hotel cinco estrelas e que a estrada até Salto Morato é asfaltada?

— Mas a Fernanda não te disse que lá é um camping, que a estrada até lá é intransitável e que tem mosquito que não acaba mais?

— Disse sim, algo parecido.

— E você quer ir? Ficou maluca de uma hora pra outra?

— Calma, eu só disse que iria pensar no assunto. A Fernanda falou que lá é limpinho. Que se eu não gostar, posso voltar para Curitiba, que eles davam um jeito com o retorno do outro casal. Não teria problema. Além do mais, você tem uma barraca.

— E os mosquitos? Você sempre odiou mosquitos!

— Ué, quando você queria me convencer a ir com você, você não dizia que repelente existia para isso mesmo?

É verdade. Jorge já tentara convencer a esposa a ir pescar com ele. Fazia tempo já. Foi já numa época em que ele começou a se incomodar com as reações dela quando de suas pescarias: o seu mau humor era invencível. Ele tanto insistiu que ela, imperceptivelmente, foi se convencendo de que, se o marido queria tanto assim a sua companhia, ele não deveria estar fazendo nada de tão errado assim. Na verdade, ela não tinha tanta necessidade da companhia dele: o problema era o ciúme. A crise contra as pescarias, aliás, recrudesceu quando o filho deles, finalmente, teve coragem e declarou que não gostava de pescar, parando de fazer companhia para o pai nas viagens – e Joana, consequentemente, passou a temer pelas atitudes de Jorge sozinho.

– Sim, mas você nunca quis pensar no assunto.

– É verdade, mas alguma coisa me diz que pode ser que eu goste agora. Quem sabe eu precise de novas experiências.

Novas experiências. Se não conhecesse a mulher que tinha, Jorge poderia perfeitamente perguntar-lhe se, entre essas novas experiências, não estaria também incluído o uso de alguma substância ilícita. O fato de saber que ela teria um acesso de fúria com uma brincadeira dessas só aumentava, nele, a vontade de dizer algo desagradável. Mas ele sabe que não fará isso.

De todo modo, Jorge tem consciência de que está sendo um pouco injusto com a mulher. Quando ele trouxe um computador para casa – num pacote que incluía internet rápida –, ela bem que tentou mexer na geringonça. O fato de ela ter desistido depois de mais ou menos um mês de tentativas infrutíferas deveu-se muito mais à sua falta de capacidade do que a uma suposta falta de vontade de experimentar coisas novas. Mas ele não achava que sua mulher fosse assim tão burra. Jorge, afinal, viu tantos colegas brilhantes com dificuldades em mexer com o aparelho que, hoje em dia, ele acha que computador é uma coisa e inteligência, outra.

— Quando é que você ficou de dar a resposta para ela?

— Bem, eu disse pra ela que primeiro eu iria conversar com você – Joana respondeu.

— Então converse.

— Você quer ir?

Pergunta difícil. Em nenhum dos cenários de viagem até Salto Morato que Jorge tinha feito anteriormente a possibilidade de a Joana ir junto tinha sido aventada. O que estava acontecendo era um total imprevisto.

— Bem, também não sei. Preciso pensar também.

A realidade é que Jorge nunca se sentiu muito à vontade para levar a mulher em qualquer evento social que fosse. O seu moralismo exagerado, a sua falta de bom senso, a sua mania de falar, falar e não ouvir o que os outros têm a dizer, sua obsessão com alguns poucos assuntos, fazia o médico pensar várias vezes antes de levar Joana a alguma reunião ou jantar. É claro que havia aquelas ocasiões em que ele não podia prescindir da presença dela: era quando, mais por falta de opção do que por qualquer outra coisa, ele relaxava e deixava as coisas acontecerem. Mas quando havia a possibilidade de levá-la ou não, ele ficava ansioso: no caso presente, é claro que o mais fácil era dizer para Joana que ela não poderia ir de jeito nenhum, mas ele sempre tinha medo de que a mulher descobrisse que as coisas não eram bem assim.

Resumindo, ele não iria mais sem a mulher e, com ela, era bem capaz de acontecer algum imprevisto desagradável: afinal, sua mulher não é daquelas pessoas que deixam o assunto morrer quando uma opinião alheia é diferente da sua. Ela não chegava a brigar por causa de seus pontos de vista quase sempre rígidos (e, muitas vezes, irracionais), mas chegava perto disso muito frequentemente. E Jorge, que desejava – de maneira meio infantil, claro – um relacionamento, nem que fosse uma amizade, fora do consultório com a Fernanda, via essa possibilidade se distanciar quando imaginava que a família da cliente poderia perfeitamente não gostar da Joana. Valeria a pena arriscar?

— Pensar, como assim? Você não gosta desse tipo de programa?

— Gosto, mas eu só saio para pescar. Você já me viu acampar num lugar assim, apenas para apreciar a natureza?

— Ué, sempre tem a primeira vez. De mais a mais, você pode levar uma vara de pescar. Lá não é uma cachoeira? Deve ter peixe, né?

Não funcionou muito bem a tática protelatória, Jorge pensou. Ele teria que pedir um tempo para pensar.

— É, faz sentido mesmo. Mas estou com um pouco de preguiça de ir...

— Claro, né? Agora que eu falei que quero ir você não quer mais!

Maldito sexto sentido. Era muito difícil para o médico mentir para a esposa. Jorge era um cético quase absoluto – e o *quase* era baseado nessa capacidade que a mulher tinha de adivinhar, frequentemente, o que se passava na cabeça dele. Sim, no presente caso, o médico pode ter feito alguma expressão facial rapidamente captada pela esposa; mas havia casos em que isso não acontecia, em que ele estava longe e ela sabia que ele estava inventando algo para enganá-la: casos em que não tinha como ela saber como ele estava se sentindo. Mas isso não chegava a abalar o tranquilo ceticismo dele. Até porque ela não acertava sempre.

— Não, Joana, nada a ver. Por favor, é só preguiça mesmo – a velha, desgastada e nem tão inútil tática de sempre: negar.

— Tá, você acha que me engana.

— Não, estou falando a verdade, juro.

— Nem adianta discutir. Só vou deixar uma coisa bem clara: sozinho você não vai.

Pronto. Não era o que Jorge queria, mas pelo menos já não havia outra opção. E não adiantava imaginar uma pescaria fictícia com outras pessoas e mentir para Joana. A comunicação entre a sua esposa e a sua cliente já havia sido estabelecida.

— Sim, claro. Amanhã a gente decide, então. E se você mudar de ideia e não for? Vou poder ir sozinho?

— Eu já disse: sozinho você não vai. Não quero você acampando com outras mulheres.

— Deixa de ser boba. Todas estarão acompanhadas. E você já viu que a Fernanda não representa perigo.

— Até pode ser, sei lá. Mas não quero nem pensar no assunto. De todo o modo, se você quiser mesmo ir, eu vou junto.

— Tá bom, tá bom... Amanhã a gente decide.

— Deixa de ser chato, vai. Eu ligo já para a Fernanda.

O VERÃO DE 54 (NOVELAS)

Bem que o médico já deveria estar esperando por isso. A mulher o estava esperando na sala, sinal claro de que ela não iria querer esperar mais. Quando ela fica com vontade de fazer alguma coisa, é totalmente inútil tentar protelar. No começo da vida do casal até que ele tentava discordar dela, contrapor-se, mas a fúria da esposa era tão irracional que Jorge ficava sem ação quando Joana insistia violentamente em algum ponto de vista. No início eles tinham brigas homéricas, mas, com o passar do tempo, o médico começou a perceber que discussões de nada adiantariam. Por mais que ele gritasse, ela gritava mais. Por mais que ele teimasse, ela teimava mais. A força de vontade dela em fazer vencer sua opinião era bem maior do que a dele. Como era inevitável, cada vez mais rapidamente ele concordava com ela. Como agora:

— Tá bom, vamos sim. Que tal? Pronta para um programa diferente?

Uma trégua, finalmente. Quem sabe fosse boa a viagem, no final das contas. Agora deveria era ter paciência com a mulher. Tratá-la bem. Qualquer rispidez poderia significar um desastre lá adiante. O melhor era planejar, juntos, esse passeio. Fazê-la participar, tentar animá-la. Meio com receio, meio com esperança, Jorge quase conseguia vislumbrar um futuro melhor no casamento. Ilusão? Provavelmente. Mas não havia alternativa mesmo, né? O que não tem solução, solucionado está, sua mãe sempre lhe dizia.

Capítulo 3 – Ainda terça-feira à noite

Depois do jantar Jorge foi se sentar diante da televisão. Estava com sono, costumava dormir um pouco no sofá antes de ir para a cama. O dia, no fim das contas, não tinha sido ruim. A sua cliente querida, Fernanda, convidara-o para um programa diferente – e bem diferente mesmo, considerando que a sua mulher também iria. O jantar com a esposa tinha sido dos mais tranquilos em muito tempo. Sim, Jorge bem sabia que, durante um bom tempo, a obsessão da mulher passaria do artesanato para a viagem para Salto Morato. Mas já estava acostumado com esse tipo de coisa, afinal de contas.

Joana lhe fizera diversas perguntas sobre a viagem, e parecia mais animada do que temerosa. Sim, a estrada de Guaraqueçaba é horrível.

147

Sim, Salto Morato é um local com muitos mosquitos. Não, não é agradável acampar com chuva. Não, não é muito agradável dormir no Troller no caso de chuva. Sim, o jipe pode atolar, mas é muito mais difícil que ele atole do que um carro normal. Sim, é bem provável que ele leve a vara de pescar. Não, não iria levar os filhos.

A possibilidade de levar Paulo, a mulher dele, Paula, e a única neta do casal, Mariana, estava, de início, descartada: Jorge e Joana só tinham sido convidados porque poderiam levar o casal amigo da Fernanda. Os três não iriam caber no Troller, e o médico lamentava um pouco isso – é claro que ele poderia levar o filho e deixar Paula e Mariana a ver navios, mas, obviamente, isso nem chegou a entrar nos planos de Jorge; essa possibilidade sequer existia.

Tímido e retraído como o pai, Paulo era o filho que não dava problemas. Sempre bom aluno, sempre bem-educado e obediente, o rapaz era a pessoa que Jorge e Joana davam como exemplo para a outra filha do casal, Cecília, quando queriam que ela mudasse o seu mau comportamento, mas, como acontece frequentemente, essa tática de comparação não surtiu nenhum efeito positivo.

Apesar das boas atitudes, Paulo nunca demonstrara grande paixão por nada em especial a ponto de querer seguir essa ou aquela profissão. Quando chegou a época da inscrição para o vestibular, o rapaz começou a se angustiar seriamente porque não fazia a menor ideia da carreira que iria abraçar. Os pais queriam que ele fizesse o curso de Medicina para herdar o consultório, mas a ideia de mexer com sangue não o agradava. Por outro lado, o principal argumento a favor, o emprego garantido, era bastante forte. E foi isso, na falta de alguma outra paixão maior, que acabou falando mais alto: Paulo passou no primeiro vestibular para Medicina na PUC. O curso era caro, mas não a ponto de impedir que um extremamente feliz Jorge acabasse custeando os estudos do filho.

O que acabou surpreendendo os pais foi a nova segurança que o até então tímido e meio inseguro Paulo passou a ostentar durante o curso: seu medo de sangue se esvaiu nas primeiras aulas de anatomia e rapidamente o rapaz deixou de lado a ideia de seguir a especialidade do pai. Do nada ele passou a se interessar por cuidar de crianças e, com uma força de decisão praticamente inédita, resolveu que seria pediatra. A sua mãe, que antes queria de qualquer jeito que o filho fosse trabalhar com o pai, logo mudou de ideia. Os desgostos que Cecília estava dando para os pais na época eram mais do que suficientes para colocar essa primeira "decepção" de Paulo em uma perspectiva correta: sofrer por causa disso era uma imensa bobagem. Jorge, que também tinha contado os dias para ver o filho trabalhando com ele, acabou apoiando a decisão de Paulo – aliás, ele basicamente só insistira para que ele fosse médico porque não o via apaixonado por outra carreira. Nesse, como em quase todos os assuntos, Jorge considerava-se um pai liberal. Também, em comparação com Joana, isso não era nada difícil.

Foi na faculdade que Paulo começou a namorar a estudante de biologia Paula. Não faltaram amigos esotéricos que declararam solene (ou ironicamente) que a semelhança entre os nomes era sinal de que os dois eram almas gêmeas: Jorge achava isso uma bobagem sem tamanho – mas, que os dois se davam bem, lá se davam mesmo. A sua nora era alegre, educada, de pequena estatura, morena, mais para bonita do que para feia. Mariana, a filha, era uma criança de cinco anos, bonita e meio quieta: não era antipática, mas não chegava a conquistar as pessoas por algo parecido com alegria de viver. Embora, obviamente, Jorge e Joana adorassem a neta, a sua aparente frieza (ou seria tristeza?) os deixavam um pouco receosos em relação a ela. Nada, porém, que significasse um grande obstáculo no relacionamento entre as duas famílias – até porque a bióloga Paula sempre tratou bem os sogros.

De todo o modo, era certo que nenhum dos três iria fazer companhia para Jorge em Salto Morato. Quem poderia ter ido, se quisesse, era Cecília: na conversa por telefone que haviam tido antes da janta, Joana perguntou para Fernanda se poderia convidar a sua filha para ir junto. Claro, o casal que iria com eles não se incomodaria, imagine só. Jorge não achava necessário ligar para a filha: era certo que Cecília não aceitaria o convite. Joana achava que não custava tentar e lhe telefonou. Quando soube que a mãe iria acampar no meio do mato, a moça teve um acesso de riso – até a normalmente mal -humorada Joana acabou rindo junto. Quando começaram a falar a sério, Cecília se lamentou e respondeu que já tinha um compromisso marcado. Quando soube da resposta da filha, Jorge comentou com a mulher que era óbvio que Cecília não aceitaria. "Não importa", respondeu Joana, "a gente sempre deve tentar". O médico não sabia se concordava ou não e, como fazia frequentemente, deixou para a esposa a tarefa de pensar a respeito.

Cecília era extrovertida, falava bastante – mas menos do que a mãe, claro. Embora nunca tenha reprovado, era uma aluna apenas mediana na escola. O problema dela era a disciplina: jamais fora uma má pessoa – Jorge tinha certeza disso –, mas o seu temperamento exuberante a fazia visitar frequentemente a sala da diretoria. Cabulava aulas, conversava durante as explicações dos professores, não parava quieta. Por mais que os seus professores e diretores normalmente gostassem dela (na verdade, era meio impossível não gostar de Cecília), o médico reconhecia que não era fácil suportar uma aluna que não prestava atenção nas aulas e que ficava tirando a atenção de todos à sua volta.

Com cerca de vinte anos, a filha resolveu sair de casa. Foi uma fonte de preocupações para Jorge, e o fato de sua esposa ter reagido com o nervosismo habitual não serviu para melhorar as coisas. Cecília resolveu ir morar com seu namorado, Roberto. Já se pode imaginar o desespero moralista de Joana, que queria pelo menos que a filha se casasse na igreja. Mas não teve jeito. Jorge e a mulher relutaram em aceitar esse estado de coisas, mas logo a situação meio que se estabilizou. Apesar de o médico saber que a filha e o parceiro fossem usuários de maconha, ele não reclamou porque Cecília estudava e trabalhava (tinha se formado numa faculdade particular de Administração e havia conseguido um emprego de secretária). Não havia muito o que fazer mesmo. Roberto era de família rica e, enquanto estiveram juntos, Cecília não pediu nenhuma ajuda financeira para os pais. Quando o casal se separou, já havia uns três anos, Roberto – inesperadamente para Jorge, que nunca gostara dele – deixou o apartamento, quitado, para a parceira. Joana, na época, pediu para Cecília voltar para a casa dos pais, mas não teve sucesso na empreitada. Foi uma nova época de preocupações para Jorge, já que a filha não ganhava o suficiente para ter uma vida financeira tranquila no emprego que conseguira depois de formar-se, e o médico – sempre com medo da reação da esposa – ajudava financeiramente Cecília em silêncio. Quando Joana descobriu que o dinheiro do médico ia para a filha sem que ela soubesse, teve uma reação inesperada: apoiou inteiramente o marido. "É impressionante", pensou Jorge, "como o moralismo aparentemente invencível de Joana foi derrotado (e não era a primeira vez) por uma filha que nunca deu a mínima para esse tipo de postura conservadora".

Depois de tantos contratempos, agora Joana quer que Cecília se reaproxime deles. A filha nunca é hostil para com os pais, mas a maneira pela qual uma série de acontecimentos acabou culminando na sua saída de casa – com a consequente reação irritada da mãe –, abriu uma barreira entre Cecília e os pais que, conforme Jorge pensa agora com alguma amargura, parece aumentar com o tempo, e não diminuir. Sim, conforme já comentei, o médico continua ajudando financeiramente a filha. Sim, eles se falam com alguma frequência, principalmente por telefone. Mas por mais que Joana faça de tudo para se reaproximar da filha, Cecília sabe que a mãe não aprova a sua decisão de continuar sozinha depois da separação. Nos raros jantares e almoços familiares nos quais Cecília comparece, a quantidade de indiretas que a mãe despeja sobre a filha a respeito de seu mau comportamento faz com que Jorge entenda a decisão de Cecília de aparecer o menos possível na sua casa. Às vezes, a moça vai visitá-lo de surpresa no escritório, e ele fica feliz quando, nessas ocasiões, a agenda está tranquila. Ele ama a presença da filha.

Meio por efeito do sono, meio por se lembrar de Cecília, Jorge sorriu e, pela primeira vez, encarou com otimismo o fato de a mulher ir junto com ele na viagem.

Capítulo 4 – Quarta-feira

O dia seguinte foi extremamente atarefado para o médico. Casos complicados no hospital e, depois, no consultório. Almoçara rapidamente no refeitório, mal tivera tempo de se lembrar da viagem. A data ainda estava distante – dali a três semanas –, já estava decidido que a mulher iria junto, não havia muito por que ficar ansioso. Quando chegou em casa, aí pelas sete e meia da noite, sua mulher estava novamente esperando-o na sala. Pelo visto, ela continuava pensando na viagem.

— Olá, tudo bom? – perguntou o médico.

— Sim, a Fernanda ligou e disse que a gente não vai mais precisar levar o casal de amigos dela. Outro casal acabou resolvendo ir junto, mas continuamos convidados, claro. Nos chamaram para uma reunião para decidir os detalhes da viagem, inclusive.

— Bem, mas a gente não conhece ninguém lá, né? Só mantiveram o convite pra não ficar chato...

Jorge começou a se sentir um intruso no passeio. Bem, a Fernanda sempre deixara claro que ele só tinha sido convidado por causa do jipe.

— Joana, você quer mesmo ir?

— Bem, eu fiquei mais animada agora que vamos só nós dois no jipe. Acho que pode ser uma boa viagem para nosso casamento. Pode ser uma experiência engrandecedora.

De qual livro de autoajuda ou revista feminina será que ela tirou esse termo? Joana nunca lera muito, mas ultimamente andava por aí com uns títulos meio melosos ou espirituais. E com umas revistas que ensinam às mulheres como segurar seus homens.

— Bem, Joana, não acho que nosso casamento esteja precisando de nada disso. Eu estava pensando na viagem só como uma diversão.

É claro que Jorge achava que o casamento dele poderia melhorar – e muito. Mas, por experiência, criar expectativas de melhoras no relacionamento por causa de uma viagem tinha grandes chances de ser uma experiência frustrante. Já tentara isso, umas poucas vezes, num passado já meio distante, sem resultados práticos. Ela sequer ficara sabendo que ele queria melhorar o casamento deles nessas viagens, porque Jorge não contava nada a respeito desse objetivo: se ele dissesse alguma coisa, Joana simplesmente responderia que estava tudo bem entre os dois.

— Bem, não penso assim. Ficarmos juntos numa aventura dessas pode nos deixar mais unidos.

Ou falou com alguma amiga ou leu em algum lugar. Definitivamente.

— Ué, nunca vi você com esse tipo de preocupação...

— Pois é. Agora tenho.

— E você acha que estamos mal?

— Bem, casamentos sempre tendem à rotina...

Ele bem que queria ter coragem para perguntar de onde ela havia tirado isso. O melhor era mudar de assunto:

— Bem, pode ser que você tenha razão. Não custa arriscar. Quando vai ser a reunião para discutir a viagem?

— Sábado, na casa de uma das pessoas que vai ao passeio.

— Você pegou o endereço?

— Ela não passou. Eu disse pra ela que você ligaria para o rapaz e se entenderia com ele. Estou com o telefone.

Ligou. Pelo telefone, o rapaz, chamado Raul, do novo casal do passeio, parecia ser simpático. Já sabia que Jorge também iria ao passeio. A reunião seria para organizar os horários, as compras etc. O rapaz tinha uma Land Rover. Isso, somado ao seu tom de voz afirmativo e confiante, fizeram o médico concluir que o rapaz devia ter uma condição financeira favorável. Se nunca tivera maiores problemas com dinheiro – um pouco por causa de Joana, que dominava as finanças da casa de modo quase sovina –, Jorge também estava longe de ser um homem rico. O consultório não ia mal e no hospital as coisas sempre se mantiveram estáveis, mas ele não chegava a ser reconhecido como uma sumidade por seus pares: um bom médico, e só. Tinha vontade, claro, de ser uma pessoa mais rica – será que ele teria o tom de voz confiante de Raul se fosse o caso?

O próprio médico se espantou com a bobagem que acabara de pensar.

A reunião seria no Champagnat – bairro de ricos – às sete da noite. Ainda era quarta-feira, daria tempo para ele se preparar mentalmente.

A timidez de Jorge não se imiscuía nos assuntos profissionais. Quando era apenas um médico, era confiante e tranquilo. Falava com pacientes e colegas desconhecidos com grande facilidade, sobre qualquer assunto, e não apenas sobre a profissão. Era uma pessoa totalmente diferente do Jorge social que, embora não tão tímido quanto aquele que quase não conseguiu se declarar para Joana na juventude, ainda guardava tristes resquícios daquele. Reuniões não profissionais com desconhecidos lhe davam um pouco de medo. Jorge nunca fora muito bom em conquistar novas amizades e, com o tempo, isso foi ficando cada vez pior. Não via muito sentido em ter uma vida social intensa: o que sempre o agradou era sair para pescar – tinha poucos, e antigos, companheiros. Não precisava de novos.

Além disso, claro, havia o medo de que a mulher fizesse algum vexame ou algo parecido.

Quando, finalmente, a ideia de convidar o filho para o passeio passou pela cabeça de Jorge, este se perguntou por que demorara tanto para pensar nela. Sim, a esposa provavelmente relutasse um pouco, já que queria "revitalizar" o casamento. De todo o modo, do jeito que ela gostava do Paulo e da Mariana (e mesmo da nora, Paula), é bem possível que logo os obstáculos estivessem superados. Sim, havia o problema de levar uma criança tão pequena para um acampamento. Sim, e o filho dele não era propriamente um fã de programas envolvendo contato com a natureza, além de viajar pouco por causa da profissão. A mulher dele, Paula, mesmo sendo bióloga, não era propriamente uma amante desse tipo de atividade ao ar livre, já que praticamente não saía do laboratório na UFPR. De todo modo, não custava tentar: afinal de contas Jorge via o filho e sua família na maior parte dos fins de semana e o convite não pareceria tão absurdo assim. E o médico se sentiria mais protegido perto deles.

— Então, Joana, agora que o carro está só para nós, que tal levar o Paulo junto?

— Tente, ué. Você sabe o telefone dele. – A contrariedade na voz de Joana era fácil de perceber. Só não disse claramente que era contra a ida de Paulo porque, claro, tratava-se do filho. Ela estava levando a sério a história de reavivar o casamento, pelo visto, e a ida de Paulo ao passeio não era exatamente o que ela tinha em mente.

Ele bem que tentou. Mas não teve jeito de o filho aceitar. A criança era pequena demais, tinha alergia a mosquitos. O celular não pegava por lá. Mas o principal motivo da ausência deles no passeio não foi dito: nenhum dos três gostava desse tipo de passeio, Jorge sabia. Só não falaram isso para não parecerem grosseiros.

Não tinha mais jeito. O médico ia ter que encarar a viagem com a mulher e vários desconhecidos... Mas e se a filha quisesse ir, mesmo depois da recusa inicial? Se ele não tentasse, não saberia:

— Oi, Cecília.

— Oi, pai – ele ainda se espanta com o identificador de chamadas do celular. – Aconteceu alguma coisa?

— Seguinte, aquela viagem...

— Mas eu já não contei pra mãe que eu tinha um compromisso?

Explicou para ela. Que não sabia o que fazer naquela situação, com aquela mãe maluca e um grupo desconhecido (essa parte da maluca ele não falou, claro). Que era um favor que ela faria para o pai. E, quem sabe, ela gostasse dos amigos da Fernanda. Quem sabe até fizesse novos amigos. Não falou, mas pensou que quem sabe arranjasse um namorado novo. Um marido.

Cecília estava ficando perigosamente solteira. Jorge não sabia o que ela fazia nas horas vagas, quem sabe tivesse até algum par fixo. Mas ele queria que ela namorasse um bom rapaz. Por mais moderninha que fosse, a filha dele tinha tudo para virar uma solteirona.

Cecília ficou de pensar. Iria tentar adiar o compromisso – que, em nenhum momento, contou para o pai qual era.

Bem, melhor que nada.

Capítulo 5 – Quinta-feira

Jorge acordou cedo no dia seguinte, com expectativas surpreendentemente positivas. Não entendia bem por que essa viagem mexia tanto com ele. Claro, acampar perto de uma moça bonita lhe parecia algo agradável. Mas não era isso, basicamente, que o deixava tão ansioso. Depois do sono – e foi um bom sono, como há tempos não tinha – lhe veio à mente um pensamento meio esquisito. Tratava-se do renascer de uma esperança que ele já acreditava morta e enterrada: será que essa viagem representaria mesmo um renascimento para o seu casamento? Quem sabe a Joana estivesse correta e essa nova experiência fosse mesmo "engrandecedora"? Quem diria: agora era ele que estava usando um termo caro às revistas da mulher. Se é que ela descobriu mesmo esse termo numa revista.

Vai saber.

Ficou com vontade de ligar para a Cecília. Vai que a filha acordou com novas ideias, assim como ele? Mas ele sabia que não telefonaria agora. Ela possivelmente ficasse irritada com essa insistência meio irracional.

Chegando à cozinha, a mulher já tinha preparado o café. Era a única hora do dia em que ela quase não falava. Joana acordava de mau humor. No início do casamento ele tinha estranhado isso. Cansou de sair de casa achando que tinha feito alguma coisa errada e, quando via a mulher na hora do almoço – frequentemente almoçava com a esposa, desde o início do casamento –, reparava que ela nem parecia se lembrar da grosseria da manhã.

Casamento é mesmo uma coisa engraçada. Desde criança a manhã era a parte do dia que deixava Jorge mais animado, mais comunicativo. Mas isso não ocorria com Joana, muda e mal-humorada. Por falta de opção, um teve que aprender a aturar o jeito do outro. Quando vieram os filhos, logo ficou claro que o filho era emburrado de manhã como a mãe e a filha era animada como o pai. Pai e filha conversavam, colocavam as coisas em dia logo cedo, e tiveram que aprender a não tentar colocar a outra metade da família na conversa.

Bem, nessa manhã em especial a Joana estava animada. A viagem estava realmente mexendo com ela! Perguntou se ele estava animado para viagem. Cada vez mais, respondeu. E acabou contando para a esposa que ligara para a filha, que já tinha sido convidada pela mãe, como vimos.

— Tomara que ela vá! – disse Joana.

— Aliás, me conte uma coisa, Joana: por que você quer que a Cecília vá, mas o Paulo não? E o papo de revitalizar o casamento?

— Quanto à Cecília, você sabe, né? Quanto ao Paulo, ele iria odiar, parece que você não conhece ele... Aí iria acabar com o sossego de todo o mundo.

— Mas será? Ele é um adulto...

— Melhor não arriscar.

Bem, era um bom ponto. No início, o filho ficava constrangido em dizer que detestava as pescarias com o pai. Tentava parecer animado e Jorge se iludia dizendo para si mesmo que, quem sabe, a coisa daria no final certo e o filho acabasse gostando de pescar como o pai. Mas isso não aconteceu. À medida que o tempo foi passando, o menino foi ficando mais e mais mal-humorado nas pescarias, até que pediu para o pai que, se ele não fosse ficar ofendido, que não o convidasse mais. Não, o pai não ficaria ofendido.

Jorge ficou é aliviado. Ele nunca tinha tido assim tantas ilusões quanto ao amor do filho pela pesca. Quem sabe se assim o pai conseguisse relaxar melhor nas pescarias dali em diante, pensou na época – e foi exatamente o que aconteceu. Tendo em vista as circunstâncias, pensou Jorge, ele deveria estar meio desesperado de medo de viajar com a mulher para ter convidado o filho para a viagem a Salto Morato.

O fato que estava ocorrendo é que, antes mesmo de a viagem ocorrer, o casamento de Jorge e Joana estava se modificando: ela estava ficando mais inteligente e ele, mais burro. Ela estava sacando as coisas, ele não. Jorge se divertiu com esse pensamento.

— E então, Jorge, o que a Cecília disse? Que ela vai?

— Disse que não sabe. Que tem outro compromisso no dia, que vai pensar no assunto. Se for o caso, adia o compromisso.

— Claro que ela não falou qual era o compromisso, não é?

Não, ela nunca falava. Era uma angústia compartilhada por pai e mãe. Eles não tinham ideia do que a filha costumava fazer, como passava as horas livres, nada. Ultimamente, ela não tinha mais cara de drogada, nem nada parecido. Andava com um brilho diferente no olhar, mas os pais não tinham a menor ideia do que acontecia com ela. Se ela tinha namorado, se não tinha. Eles só sabiam que ela continuava no mesmo emprego de sempre. De vez em quando, ela falava de algum amigo ou amiga que, claro, Jorge e Joana não tinham a menor ideia de quem eram.

Ao contrário da esposa, Jorge, como se viu, não tinha muitas ilusões quanto a uma melhora no casamento. Por outro lado, era um desejo dos dois de se reaproximarem da filha (o que justifica o convite inicial de Joana, citado anteriormente). Vai que daria certo! Nesse caso, ele não reprimiria a ilusão – se é que era mesmo de ilusão que se tratava, afinal. A filha parecia mais madura. Quem sabe fosse o caso apenas de uma conversa certa. Ele bem que entendia a reticência de Cecília em relação à mãe – não era mesmo fácil conviver com ela –, mas essas coisas acabariam se arrumando com o tempo.

Quem sabe.

Capítulo 6 – Sexta-feira

O dia seguinte, incomumente tranquilo no consultório e no hospital – vários pacientes cancelaram de última hora –, serviu para Jorge pensar bastante em sua relação com a filha. No que ele tinha errado? Por que essa distância toda da filha com o pai? Ah, vá lá que aguentar a Joana não é exatamente a coisa mais fácil do mundo, mas ele? Mesmo ela não morando com os pais, não faz sentido a reticência da filha em relação a ele. Jorge sempre a procura, sempre quer saber como ela está. Ela é capaz de conversar sobre o presidente Lula, sobre a Copa do Mundo na Alemanha, que iria começar dali uns meses – atleticana quase fanática, a filha de Jorge é uma daquelas raras mulheres que realmente pareciam se interessar por futebol (pelo menos é isso que Jorge pensava) –, sobre, sei lá, a Guerra do Iraque, mas nada sobre sua vida profissional. Nada sobre seu trabalho na Construtora. Nada sobre seus amigos ou namorados. Quando o conflito entre mãe e filha atingiu o ápice – resultando na saída de Cecília da casa dos pais –, Jorge apoiou mais a mãe do que a filha. Quem sabe tenha sido isso. Será que ele deveria ter dado um paradeiro em Joana? É bem possível. Jorge, na verdade, sempre se culpa pela situação ter chegado aonde chegou.

Mas o que mais ele poderia ter feito? Não tinha como ter agido muito diferente do que agiu, ele pensa. A agressividade de Cecília em relação à sua mãe nos meses que antecederam à sua saída de casa fez com que Jorge, secretamente, começasse a pensar se não seria melhor que ela fosse embora de casa mesmo. Seria o excesso de comodismo de Jorge atuando? Provavelmente. Era simplesmente mais fácil deixar a Joana mandar em tudo. Ela iria acabar ganhando no grito mesmo.

Só que com Cecília não foi assim.

O comportamento de Cecília sempre tinha sido uma fonte de preocupação para o moralismo ultraconservador de Joana, claro. Mas quem sabe se não tivesse ocorrido tudo aquilo naquele domingo já distante, as coisas poderiam ter se resolvido de maneira mais fácil.

Foi assim: Jorge e Joana passariam o fim de semana com um casal de amigos em Matinhos. Paulo não iria com os pais porque iria com a família da namorada para Foz do Iguaçu, e Cecília, que tinha dezessete anos na época, faria companhia para Jorge e Joana. Na última hora ela disse que não poderia viajar porque tinha uma aula muito importante na escola, domingo pela manhã, no cursinho. Há muitos anos Jorge sabia que a frequência da filha no colégio não era muito assídua e fazia de tudo para esconder esse fato da mulher. Joana, que contava com a presença de Cecília na viagem, ficou contrariada, mas, como era uma aula assim *tão imperdível*, acabou se conformando. Cecília iria dormir na casa da tia, Maria, irmã de Joana, que morava no Ahú – próximo ao apartamento da família de Jorge, no Boa Vista.

O fim de semana acabou sendo péssimo: choveu torrencialmente e Joana – nem era assim tão difícil de adivinhar – acabou não se dando bem com a esposa do amigo de Jorge (Rodrigo, colega de pescaria), e todos ficaram um tanto aliviados quando ela, aí pelas dez da manhã do domingo, sugeriu que fossem embora. Ela disse para o Rodrigo e a mulher que precisava voltar para Curitiba, pois tinha esquecido de pegar uns documentos do Imposto de Renda na casa da outra irmã, Ana Paula, que iria para Miami no início da tarde. Uma justificativa não de todo absurda – a irmã realmente iria para Miami naquele fim de semana, mas não havia nenhum documento do Imposto de Renda de Joana na casa dela.

Depois de uma viagem tensa – Jorge reclamou da falta de educação da mulher, dentro de suas possibilidades – e, embaixo de chuva, chegam a Curitiba, abrem a porta e veem um sujeito sentado no sofá, assistindo televisão. Ele se levantou, assustado:

— Oi, desculpem, sou o Roberto, amigo da Cecília.

— O que você está fazendo aqui? Onde está minha filha? – Joana perguntou, estressada.

— Está tomando banho.

Roberto estava com o cabelo molhado. Tinha chovido em Curitiba, será?

Joana foi bater na porta do banheiro:

— Cecília, você está aí?

— Sim, mãe, tô tomando banho!

— Saia já!

Enquanto isso, o diálogo constrangido na sala:

— Você é colega de cursinho da Cecília, Roberto?

— Sim, voltamos agora da aula.

Silêncio. A situação era estranha, para dizer o mínimo. Ainda era meio-dia. Muito cedo para dar tempo de a filha ter saído da aula. Mãe e filha chegam à sala e continuam a discussão que tinham começado:

— O que você está fazendo aqui? Não era para estar na aula?

— Sim, mas não tivemos as duas últimas aulas.

— Como assim? Os professores nunca faltam no cursinho, ainda mais no domingo!

— Mas dessa vez o professor ficou doente.

— E como é que você está sozinha com um homem aqui em casa?

— Não estávamos fazendo nada demais!

— A cama está desarrumada, Cecília! Vocês dormiram juntos!

"Ai meu Deus", Jorge pensou. Só o que faltava. A filha transando em casa e a mulher descobre. Jorge achou que nunca mais teria paz em casa. Joana continuava achando que a filha era virgem – mas o pai pensava que não. O comportamento rebelde dela não combinava com a virgindade –

dava impressão de que Joana não queria enxergar esse fato. Mas agora era tarde demais.

— Claro que não, mãe.

A partir de então a filha foi brilhante. Disse que não havia por que desconfiar dela. Que ela só iria se casar virgem, como a mãe sempre pedira. Que jamais iria transar antes do casamento. Que a cama desarrumada só significava que ela tinha dormido um pouco antes do banho, enquanto o Roberto assistia à Fórmula 1 na sala. Que ele a tinha gentilmente trazido de carro e que estava só fazendo hora antes da churrascada em que ele iria com os pais na casa de uns tios. E assim por diante.

Joana foi se acalmando e acabou ligando para a irmã:

— Maria, a Cecília passou a noite aí? Ah tá. Ok. Beijos.

Maria confirmou que Cecília tinha passado a noite lá com ela e que a tinha levado no cursinho cedo. E também confirmou que a filha tinha ligado depois, informando que a Maria não precisaria buscá-la no cursinho porque um amigo a traria para casa.

A história batia.

Mas não tinha como acreditar nem em uma, nem na outra. Maria era uma solteirona que, sempre que podia, mancomunava-se com Cecília nas confusões que a filha aprontava. E a Joana nem desconfiava da irmã.

De todo modo, a história era estranha para qualquer um que a ouvisse. Quando os professores faltam no cursinho, os alunos não ficam sem atividades (sem contar que professores de cursinho não costumam faltar, ponto). E a cama estava desarrumada. E o pior, Roberto estava com os cabelos molhados. Até Joana ficara constrangida em pressionar o rapaz, coitado, sobre os cabelos: o menino estava assustado, pálido.

Parecia claro para Jorge que os dois tinham vindo, transado e tomado banho. Provavelmente, nem tinham ido para o cursinho. Quem sabe até tenham passado a noite aqui – e Maria sabia de tudo, desde o início.

Tímida, sem encantos, mas de bom coração, Maria provavelmente ajudava a sobrinha porque queria que ela fosse feliz. Fora virgem tempo demais, a ponto de saber que a virgindade não trouxe nada para ela que não fosse frustração. Como gostava muito da irmã, Maria contou para Joana quando transou pela primeira vez – com um homem casado que, depois, como frequentemente acontece, abandonou a amante para continuar com a esposa (de quem estava há tempos "para se separar"). Enfim... Joana não gostou nada da história, mas Maria era uma advogada independente financeiramente – não brilhante, nem de grande sucesso, mas que não dependia de ninguém. Não tinha muito o que Joana fazer. Jorge não sabia, mas desconfiava que Maria tivesse trocado o amante casado por outro amante casado; não por outra coisa, mas Maria não tinha mais aquele jeito de solteirona que tinha antes.

Enfim, a virgindade tinha sido um valor para Maria, mas deixou de sê-lo. Nada mais natural que ajudasse a sobrinha, querida, a transar cedo para não perder mais tempo na vida. Tudo isso Jorge desconfiava; mais do que isso, tinha quase certeza. Quanto à virgindade em si, educado como foi, ele entendia o estresse da mulher, mas Jorge sabia que o tempo passa e que os costumes mudam – e sua mulher, como vimos, recusava-se a pensar no assunto.

E assim o papo foi caminhando. Cecília inventando um monte de histórias de cunho aparentemente mentiroso, o coitado do Roberto cada vez mais apavorado – e a esposa se acalmando. Quando, finalmente, pareceram entrar num acordo, o menino se levanta:

— Bem, está na minha hora.

— Ah, ok, desculpe o mal-entendido – Jorge respondeu.

A mulher nem se dignou a responder. Só olhou para o rapaz com uma expressão de ódio. Será que Joana não tinha acreditado na justificativa da filha?

Cecília desceu pelo elevador com Roberto e a mulher disparou, mais do que depressa:

— Se essa menina acha que eu acreditei numa só palavra do que ela disse, está muitíssimo enganada! – E saiu batendo a porta.

"Meu Deus", Jorge pensou. Seria um domingo estressante.

Mas não foi. Como ninguém tinha almoçado ainda, foram todos para Santa Felicidade, atrás de comida italiana. Nenhuma das duas pediu desculpas pelo ocorrido pouco tempo antes e o início do almoço foi tenso. Até que o coxa-branca Jorge começou a reclamar da trágica (para o Coritiba) final do Campeonato Paranaense de 1990, quando o Atlético foi para a final com vantagem de dois empates, apesar de ter feito menos pontos ao longo do campeonato. Foi o que bastou para a filha começar a rir:

— Haha. E o Berg ainda fez gol contra!!!

A final tinha sido trágica em todos os sentidos para os coxas: não só o campeonato tinha sido resolvido em dois empates – com o Atlético campeão, portanto –, como o zagueiro coxa ainda fez um gol contra, numa jogada em que só jogadores do Coritiba participaram. Um absurdo total. E engraçado, se você não for torcedor coxa, claro. Quando acabou o jogo, o festejo dos atleticanos foi meio temeroso – a diretoria do Coritiba já tinha declarado que iria entrar na justiça caso o rubro-negro fosse campeão com dois empates. Mas o Coritiba acabou perdendo na justiça.

E as duas começaram a rir de Jorge. Por mais que tivesse sofrido com a derrota, ele esperava que esse assunto unisse mãe e filha. Não tinha um dia em que a filha não aproveitasse para brincar com o pai sobre a *trágica* derrota do Coritiba.

A filha virou atleticana não por causa da mãe – que se dizia atleticana, mas que não se importava com futebol e que basicamente só gostava de falar do assunto para incomodar o marido com a filha. O motivo de Cecília ter se tornado atleticana foi seu primeiro namorado, Beto, um fanático torcedor do Atlético Paranaense. Fora um namoro intenso, cheio de discussões, que começou quando a menina tinha quatorze anos. O jovem casal de namorados costumava ir ao estádio com a família (atleticana) do menino. Quando o namoro acabou, ficou na filha o amor pelo clube e pelo futebol de um modo geral – dois amores que não existiam antes do primeiro namorado.

Jorge, por seu turno, começou a ir ao estádio do Coritiba ainda muito cedo, com seu pai. Depois de casado, foi perdendo o gosto por assistir aos jogos ao vivo e passou a ouvir a narração de todas as partidas pelo radinho de pilha – que sempre leva para as pescarias, aliás. A filha, por outro lado, continuou a assistir aos jogos um bom tempo depois do fim do namoro com o Beto (atualmente, não vai mais. Aparentemente. Afinal, quem pode saber o que Cecília faz?).

Bem, e assim se passou o almoço, menos tenso do que o previsto. À tarde, todos dormiram. A manhã tinha sido cansativa. Paulo só chegaria na manhã seguinte.

Pediram uma pizza no jantar, assistiram ao *Fantástico* e foram dormir.

Antes de apagarem as luzes no quarto de casal, Joana disparou:

— E agora, Jorge?

— Agora o quê, Joana?

— Nossa filha não é mais virgem. Tomara que esteja se cuidando e não engravide.

E começou a chorar, desconsoladamente.

Essa mistura de impulsividade, irracionalidade e intuição assustavam Jorge. De verdade. Às vezes, Joana não enxergava uma coisa que estava diante do nariz; em outras tantas, ela tinha certeza de acontecimentos que não eram nem um pouco óbvios. Nesse caso específico, ela poderia, por exemplo, ter achado que parte da história contada por Cecília, pelo menos, era verdadeira; poderia ter achado que a filha e o menino tinham tido algumas intimidades, mas não uma relação sexual; o cabelo molhado de Roberto – que não foi motivo de discussão em nenhum momento, mas que foi a primeira coisa em que Jorge reparou – poderia estar assim por causa da chuva (mais tarde, de todo modo, ele acabou tendo a confirmação de que não tinha chovido na cidade).

Mas não foi o que aconteceu. Ela tinha certeza absoluta de que a filha tinha feito sexo. Uma certeza tão profunda que fazia parecer que Joana tinha *visto* alguma coisa. Uma certeza tão profunda que fazia com que não fosse sequer necessário que ela brigasse com a filha. Não havia por que brigar: Cecília *já tinha perdido a virgindade*.

E, junto com a virgindade, tinha perdido a confiança da mãe.

A partir desse dia até a saída da filha de casa, a tensão em casa aumentou num processo contínuo. Joana não falou mais sobre aquele domingo tenso, mas o comportamento dela passou a ser mais irritadiço: com ele, Jorge (será que ela achava que ele poderia ter tido outra atitude?); com a filha, claro; sobrou até para o Paulo – que nem em Curitiba estava quando dos acontecimentos.

E, agora, estão Joana e Jorge torcendo por uma mudança de ventos. Torcendo por um acordo, qualquer coisa que os reaproxime da filha.

Como Joana esteve certa naquele longínquo domingo de 1990, quem sabe esteja certa de novo. Quem sabe seja o momento de a família se acertar.

Capítulo 7 – Ainda sexta-feira

Ao entardecer, o telefone tocou, e Jorge foi atender.

— Alô.

— Oi, pai.

— Oi, querida!

— Então, consegui adiar meu compromisso. A proposta de Salto Morato ainda está de pé?

— Claro!

— Então eu vou. Posso levar um amigo?

— Um amigo ou namorado?

— Amigo, pai. Eita! Mulher não pode ter amigo homem?

Sempre confrontando. A Cecília de sempre.

— Sim, claro.

— Então, meu amigo pode ir?

— Claro, filha, ele cabe no Troller. Vamos sua mãe, eu, você e seu amigo. Como é o nome dele?

— Paulo.

— Xará do seu irmão.

— Não exatamente. O nome dele é Marcos Paulo, mas ele não gosta que o chamem de Marcos Paulo.

— Por causa do ator? – Jorge deu uma risadinha. Sempre achou que são meio ridículos aqueles que "não gostam" de serem chamados por um nome ou outro.

— Haha, nada a ver. Ele me explicou uma vez. O pai dele se chamava Marcos e ele acabou ficando como 'Paulo' para não confundir.

— Haha. conheci um caso parecido. – Jorge lembrou-se de uma Adriana Paula que, bem, não gostava que a chamassem de "Adriana Paula" (até dá para entender), mas exigia que a chamassem de "Paula", sabe-se lá por quê. Afinal, Adriana é um nome tão bonito.

— Enfim, o Paulo, ou o Marcos, ou o Marcos Paulo, pode ir também.

— Não brinque muito, pai, senão você vai se confundir na hora de chamar meu amigo. – E riu. É, quem sabe a Joana estivesse correta. E era fato que a filha estava mais acessível.

— Quando mesmo vai ser a reunião para combinar a viagem, pai?

— Amanhã, no Champagnat. – E passou o endereço.

— A que horas?

— Aí pelas oito da noite.

— Não sei se vou poder ir amanhã neste horário, mas acho que não vai ter problema.

— Ok, me avise.

— Um beijo, pai.

— Um beijo.

Será que iria dar certo? Bem, ligou para Joana.

— A Cecília vai! E vai levar um amigo.

— Namorado? Quem é o sujeito?

— Um tal de Marcos Paulo.

— Tomara que seja bonito igual ao ator. – E riu.

Essas revistas estão mudando a cabeça dessa mulher, Jorge divertiu-se.

— Mas ele meio que exige que o chamem de Paulo.

— Cada uma... Mas, enfim, é namorado?

— Diz que é amigo.

— Vai entender essa minha filha.

— É, vai entender... – E Jorge concordou com a esposa. Do fundo do coração.

Capítulo 8 – Sábado

Chegou o dia. Era um sábado em que Jorge não tinha nada previsto no hospital, nenhum paciente precisando especialmente de seus cuidados, nada. Teria o dia inteiro para ficar sem fazer nada.

Acordou na hora em que sempre acorda quando está de folga, às nove da manhã. Foi tomar café com um pouco de sono. Sua expectativa era grande, mas sabia que deveria ficar quieto. Provavelmente, a Joana já tinha feito café, e estaria silenciosa.

— Bom dia, Jorge.

"Ué, ela deu bom dia", Jorge pensou.

— Bom dia, Joana.

— A que horas vai ser o encontro para definir as coisas da viagem?

— Às oito. – "Não adianta", Jorge pensou, "Joana está bem ansiosa. Não está com cara animada demais, pelo menos. Joana faladora de manhã não seria uma boa coisa: chega de mudança de rotina", Jorge riu consigo mesmo.

E assim o café transcorreu do jeito normal. Os dois quietos, a mulher tentando voltar à rotina, como se nada de tão especial assim estivesse acontecendo. E Jorge na mesma.

Mas é claro que estava acontecendo. A Cecília levaria um homem na reunião que "não era o seu namorado". Eles logo passariam um fim de semana acampados. Já estava mais do que na hora de todos se acertarem novamente. Agora, Jorge já estava apostando nisso.

Ele voltou a se lembrar do dia em que as coisas começaram a desandar entre os pais e Cecília.

Depois daquela manhã quase trágica, aos poucos a situação parecia estar voltando ao normal. Joana não falou mais sobre o assunto até que, cerca de duas semanas depois da (ainda suposta) perda da virgindade de Cecília, numa quarta-feira, a filha vem contar para os pais que estava namorando o Roberto. Aquele mesmo.

— Mas ele não era seu amigo, Cecília? – Joana perguntou, ferina.

— Era, e agora é mais do que isso – a filha respondeu, desafiadora.

— Ah bom... – e o olhar da mãe saiu com uma ironia que Jorge não lembrava de que a mulher fosse capaz.

— E ele vem aqui no próximo sábado, almoçar. Algum problema? – Jorge gelou. Ele sabia que o que não faltava para a filha era coragem. Trazer o garoto de novo para casa, depois daquela confusão dos diabos. Enfim.

— Claro que não, filha – Joana respondeu. Mas seus olhos faiscavam. Se alguém tivesse contado para Jorge, três semanas antes, da reação que a mulher teria em relação a todos esses novos acontecimentos, ele certamente não teria acreditado. De todo modo, a mudez dela desde aquele domingo fatídico fazia prever que ela aceitaria o namorado da filha. Dava impressão de que Joana queria ver até onde a filha iria.

À noite, antes de dormir, Joana se dirigiu com olhar superior para Jorge:

— Falei que ela tinha perdido a virgindade com aquele sujeito, não falei?

— Mas...

— Não tem "mas". Pelo menos teve a cara de vir pedir para vir até aqui.

Conforme já comentei, durante a vida de casado Jorge tinha sido surpreendido com a capacidade de intuição quase sobrenatural da mulher. Ele não fazia nada errado que o fizesse ter necessidade de mentir, então isso não o fazia se estressar. Mas alguns de seus pensamentos "escusos", como uma quedinha por uma médica ou uma enfermeira, pareciam ser presa fácil para o radar da mulher. O pior caso foi o da Andressa, uma enfermeira *realmente* bonita que trabalhou no hospital por um tempo. Como a maioria dos médicos por lá, Jorge ficou embasbacado com a beleza da moça. Foi o que bastou para Joana chegar para ele:

— Tá apaixonado por outra, Jorge?

— Eu? Tá louca?

— Ah, se eu te pego, te corto em pedaços.

Olhou para ele com ódio. Parecia que tinha lido seus pensamentos libidinosos. Pensou até em lhe responder que pensamentos não tiram pedaço, mas preferiu ficar quieto. Numa reação meio irracional, tentou *nem mesmo pensar* mais na Andressa. Não conseguiu, claro. Continuou embasbacado, mas a intuição de Joana parecia já bem satisfeita com o medo dele. Ela não voltou mais a incomodá-lo enquanto a moça trabalhou no hospital (onde não ficou muito tempo).

De todo modo, essa intuição de Joana não acontecia sempre e, até onde ele sabia, não funcionava com os filhos. Será que ele não prestou atenção o suficiente? Será que, quando a intuição dela não funcionava, o caso se explicava simplesmente pelo fato de que ela não estava interessada no assunto? Difícil saber. O fato é que, quando a mulher lhe afirmou que a filha tinha transado naquele domingo, ele achou que ela estava exagerando. Como muitas vezes a intuição da esposa não funcionava, conforme já comentei também, era-lhe mais fácil acreditar que ela tinha errado de novo. O fato é que a vinda de Roberto no sábado seguinte era, sim, um sinal forte de que a mulher tinha acertado. Vai saber.

Independentemente de qualquer coisa, Jorge até hoje se pergunta se não deveria ter sido mais compreensivo com a filha. Poderia ter falado de sexo com ela. Poderia ter dito que não concordava com o moralismo excessivo da mulher, qualquer coisa do gênero. Mas não fez nada. Não só porque deixara todas as decisões importantes sobre a educação dos filhos com a mulher (que, afinal, estava sempre em casa). Não só porque não sabia como falar do assunto com os filhos (com Paulo ele também fora omisso). Mas é que, no fundo, ele também teria gostado de que a filha se casasse virgem. É isso. Ele sabia, no fundo, que essa preocupação era idiota. Mas só no fundo. Os pais, frequentemente, preferem evitar pensar na sexualidade das filhas. E, quando pensam, preferem acreditar irracionalmente que esse aspecto de suas vidas simplesmente não existe.

— Mas existe, Bidu. – Jorge não sabe direito quando ouviu pela primeira vez o nome do cachorro dos personagens do Mauricio de Souza inserido num contexto em que ele é sinônimo de "tapado" ou coisa que o valha. O médico usa o termo "Bidu" como uma forma de descontrair o ambiente. E que funciona, às vezes. Joana gosta de usá-lo também – mais do que ele, aliás.

Enfim, nessa noite ele passaria na casa da Cecília e os quatro – ele, ela, Marcos Paulo (ou melhor, Paulo) e Joana – iriam até a casa do tal Raul, no Champagnat.

A sorte estava lançada. Quem sabe.

Capítulo 9 – Sábado ao entardecer

— Olá, Paulo, tudo bem?

— Olá seu Jorge, tudo bem? – Não tinha como Jorge não pensar em São Jorge cada vez que o chamavam de "seu Jorge".

— Tudo, esta é Joana, a mãe da Cecília, como você pode adivinhar.

— Olá, dona Joana. Como está a senhora?

— Tudo bem, e com você?

Joana estava realmente mais simpática do que o habitual. Parecia que tinha até gostado do sujeito. Nas conversas antes da reunião, ela se mostrou curiosa – como, de resto, Jorge também estava – em saber de onde os dois se conheciam. Sempre preocupado com as indiscrições da esposa, Jorge dessa vez esperava que ela perguntasse alguma coisa sobre ele. Começaram o trajeto até o Champagnat, e Joana quieta. Será que ela estava com medo de estragar alguma coisa? Ela estava a fim de fazer com que a família ficasse em harmonia, só podia ser isso.

Como Cecília não tinha proibido nenhuma pergunta para o tal Marcos Paulo (ou melhor, Paulo), Jorge não se aguentou e soltou:

— De onde vocês dois se conhecem?

— Da igreja, seu Jorge. Sou pastor na Igreja Bola de Neve.

— Nossa, nem sabia que a Cecília estava indo na igreja! – finalmente, Joana mostrando a que veio. Mas Jorge também ficou chocado.

— Pois é, seu Jorge. Ela me falou mesmo que não tinha contado para vocês que estava frequentando a nossa igreja. Mas eu disse para ela que isso é bobagem, que não tinha por que vocês não aceitarem numa boa. Há coisas piores, né? – E começou a rir, uma risada meio estranha.

— Pois é, a gente não sabe direito o que Cecília tem feito... – Joana comentou, meio sem voz.

— Pois eu garanto para a senhora que ela é uma de nossas melhores obreiras...

Obreira na Igreja Bola de Neve... Se tem algo que ninguém pode acusar a filha é de tomar atitudes esperadas. Enfim.

— E o que faz uma obreira, Paulo? – Conhecendo a esposa, Jorge sabia que ela estava chocada demais para começar a falar. Mas parecia um choque bom.

— Ah, tanta coisa... Ajuda a receber os novos membros, participa de grupos de oração, ajuda nos cultos de todas as maneiras. Ela é um vaso abençoado, Dona Joana, a senhora não faz ideia.

A sua filha agora era um "vaso abençoado". Mas a coisa não tem limites mesmo.

— E eu sempre disse para ela contar para vocês sobre a sua nova vida, e sabe o que ela me respondeu? Que queria passar uns dois anos como membra efetiva da nossa Igreja para daí vocês não terem a impressão de que a fé dela era 'fogo de palha'. Eu dizia que isso era bobagem e...

— E já passaram os dois anos? – interrompeu Jorge, meio irritado, meio divertido (como se isso fosse possível).

— Não, só um ano e meio – riu Paulo. Ou Marcos Paulo.

— E você, filha, não diz nada? – diz Joana meio assustada.

— Ah, gente, o Pastor Paulo já disse. Eu não queria que vocês achassem que era só mais uma ideia da desmiolada da sua filha. – Cecília riu.

"Pastor Paulo... Era só o que me faltava". – Agora era a vez de Paulo rir.

Jorge se sentiu no meio de uma conversa de crentes.

"Tudo o que é humano me é estranho", pensou o médico, entortando a frase famosa, ou por ironia, ou por erro mesmo.

Capítulo 10 – *Sábado à noite*

Bem, pelo menos agora Jorge sabia o que Cecília andava aprontando. Quer dizer, sabia em parte. Que raios era essa tal de Igreja Bola de Neve? Ele até acha que tinha visto alguns adesivos em carros com esse nome, mas francamente: isso lá é nome de Igreja? E será que é Igreja mesmo? Cristã e tudo? Ou alguma coisa de *hippies*? Ele tinha que perguntar, mas eles já estavam chegando.

A casa de Raul era uma casa meio velha, na Marcelino Champagnat – o único lugar do tal "Bairro Champagnat" (cujo nome real, na verdade, é Bigorrilho) que merecia ser chamado de "Champagnat". Raul não parecia assim tão rico.

Já estavam todos lá: Fernanda, seu irmão Rodrigo, os pais deles, Fernando e Maria, Raul e a mulher, Sandra, e, finalmente, o casal que havia motivado o convite inicial de Fernanda a Jorge, Fabrício e Valentina.

Eles estavam numa espécie de estúdio acima da casa, e as cadeiras ficavam nas paredes, voltadas para o centro; parecia um local feito especialmente para reuniões. Lá pelas tantas, todos ficaram em silêncio e Raul tomou a palavra:

— Podemos começar?

Sim, claro.

— Vamos então orar: estamos com gente nova aqui e peço que o Senhor Jesus torne a estadia deles conosco a melhor possível. Senhor Deus, auxilie-nos na nossa reunião para a definição de rumos para a viagem para Salto Morato. Pedimos também que nos ajude na viagem, faça com que todos se divirtam santamente, aproveitem e desfrutem da Natureza que o Senhor criou, para a Sua Glória, amém.

Jorge estava assustado: tinha caído num covil de crentes.

Segunda parte

Jorge fica espantado quando pensa o quanto sua vida havia mudado depois daquela reunião, naquele longínquo 2006. Aquela oração do Raul representa para ele, até hoje, o momento de ruptura, o momento que mudou sua vida e de sua família para sempre.

O fato, misterioso – no qual todos ali viram uma nítida influência de Deus na vida de cada um e que o narrador deste livro, maldosamente, omitiu até agora – é que Raul conhecia Marcos Paulo, ou só Paulo. Eles tinham se conhecido no ano anterior, por causa de um encontro que as igrejas Luterana e Bola de Neve tinham promovido conjuntamente.

Tinha sido assim: as noites de sábado no Largo da Ordem são um ponto de reunião de jovens que esperam a semana inteira para passar os fins de semana bebendo e se drogando. O ápice da bebedeira e das drogas é no sábado à noite: a coisa fica tão complicada que os motoristas "normais" têm dificuldade de passar por ali, dada à multidão de alterados que ocupam a rua. Vai que um maluco resolve cair bem na frente do seu carro?

Bem, o Largo da Ordem é bem pertinho da Igreja Luterana mais antiga de Curitiba. Numa reunião na igreja estavam todos se perguntando numa maneira de "impactar" a cidade, o mundo, o país, até que Raul se lembrou:

— A gente fica querendo impactar o país, mas aqui do lado a coisa tá feia.

— Sobre o que exatamente você tá falando, Raul? – Fabrício perguntou.

— Ora, sexta e sábado aqui no Largo...

— É claro! Mas o que podemos fazer?

— Sei lá, Fabrício. Alguém aqui tem alguma ideia?

Todos os presentes foram dando palpites, até que a Fernanda se lembrou de que podiam fazer um show gospel no lugar.

— Mas ninguém está a fim de ouvir da Palavra lá...

— É, mas o Rodolfo Abrantes, dos Raimundos, era o típico cara que ficava se drogando e agora roda o Brasil pregando a Palavra.

Ótima lembrança! Quem sabe ele gostasse da ideia. Todos sabem que Rodolfo não tem medo nem de bêbados, nem de drogados, nem de cara feia.

Tinha sido um caminho surpreendente e difícil. O Raimundos era uma das bandas nacionais de maior sucesso nos anos 90. Mais do que sucesso, o seu estilo calculadamente tosco, a inteligência e a safadeza das letras, e o brilhantismo de sua mistura de hardcore e forró – o forrocore, criado por eles mesmos – eram tão marcantes que o Raimundos acabou influenciando meio mundo na música pop da década.

Apesar de sempre se apresentar com um vistoso crucifixo pendurado no pescoço, Rodolfo Abrantes não era exatamente um cristão exemplar. Em uma de suas músicas de maior sucesso constavam os famosos versos *"Foi num puteiro em João Pessoa / descobri que a vida é boa / foi minha primeira vez"*; em outra, Rodolfo cantava *"Eu queria ser, a calcinha daquela menina / pra ficar bem perto da vagina / e às vezes até me molhar"*.

Um belo dia, em 2001, a cena pop brasileira entra em choque com a notícia de que Rodolfo tinha saído dos Raimundos, pois tinha se convertido ao cristianismo de confissão protestante. Em 2002, ele lança a banda Rodox, que fazia um som pesado com letras não explicitamente cristãs, mas quase. Em 2004, a banda acabou e Rodolfo passou a se dedicar exclusivamente à pregação cristã, tanto em palestras como em lançamentos de discos. E a igreja dele era a Bola de Neve. Pronto. Para "impactar" o Largo da Ordem, o Rodolfo Abrantes seria convocado.

De todos os presentes na reunião, somente a Valentina tinha participado de um culto na "Bola". A professora de canto dela tinha, alguns anos antes, saído de uma igreja de metaleiros na Vicente Machado para a Bola de Neve, bem pertinho dali, na Silva Jardim. A Valentina não gostou muito da novidade da mudança de igreja da professora de canto, já que gostava da igreja anterior, onde os recitais dos alunos tinham lugar – aliás, aqueles fiéis metaleiros pareciam legais também.

Desde o início das aulas de Valentina a professora perguntou a sua religião e, quando soube que a aluna também era evangélica luterana, passou a convidá-la – com não muita insistência, é preciso que se diga – para que assistisse a um culto na sua igreja. Apesar de gostar da igreja anterior, foi só quando a professora foi para a Bola de Neve que Valentina acabou aceitando o convite.

A igreja era um galpão muito grande (à Valentina pareceu gigante), escuro, com cadeiras de plástico. O altar tinha panos coloridos pendurados aqui e ali e pranchas de surf estrategicamente espalhadas pelas paredes. A grande maioria dos fiéis usava roupas de surfistas, skatistas, roqueiros, essas tribos todas – boa parte era tatuada; alguém que nunca tivesse ouvido falar na Bola de Neve jamais iria imaginar que aqueles "alternativos" todos estavam lá para um culto evangélico.

Estando lá dentro, Valentina não sabia direito o que esperar. Seria um culto de que tipo? Pentecostal? Liberal? Pregariam mesmo a Palavra ou seria algo diferente? A professora de canto dela era toda tatuada realmente, ao mesmo tempo em que parecia uma evangélica bem caretona. Até onde Valentina sabia, a professora não se drogava nem bebia. Enfim. Valentina e uma amiga da escola que aceitou ir com ela, e que nem evangélica era, ficavam olhando uma para a outra um pouco espantadas, sem saber o que a noite de domingo (o culto começava às sete) lhes reservava.

O pastor subiu com alguns obreiros no púlpito meio improvisado e começou a pregação. Pregação não, berreiro. Uma gritaria em honra e glória do Sagrado Nome do Senhor Jesus que pelamordedeus. A amiga de Valentina se segurava para não rir. Valentina, coitada, só se lembrava do que sempre ouvia na Luterana, de "que Deus não é surdo".

Às nove da noite – já se passavam duas horas de culto –, ficou claro para as duas amigas que a coisa iria longe e resolveram ir embora. Vários testemunhos, muitas músicas, muita pregação, muita gritaria. Se os homens estivessem de terno e gravata e as mulheres com saias até o joelho, seria um culto da Deus É Amor – mas era a Bola de Neve. Valentina sabia das diferenças importantes entre a doutrina protestante tradicional, baseada na Graça e na Fé para salvação dos pecados, e a neopentecostal, que acredita, mesmo com pouca base bíblica, nas obras para a salvação.

Sem saber a princípio o que esperar da Bola de Neve, e sem ter ouvido nenhum argumento teológico a respeito durante o culto (verdade é que na Luterana esse tipo de assunto também não é muito tratado nas celebrações), só o berreiro da coisa, semelhante àquele que todo o mundo já ouviu no rádio sem querer alguma vez, fez Valentina concluir que se tratava de uma igreja de linha neopentecostal. Enfim. No fundo da alma ela sempre achava que esse tipo de diferença teológica não era argumento suficiente para a desunião entre os evangélicos, mas a experiência do culto foi avassaladora para ela. No mau sentido da palavra.

Valentina, que estava quieta durante a reunião, resolveu contar sua experiência na "Bola". Depois do depoimento, Fabrício riu:

— Mas eu nem sabia dessa história!

— Ah, sei lá, fiquei com vergonha de contar.

— Ficou com vergonha por quê? Que bobagem!

Fabrício e Valentina eram noivos na ocasião e realmente era estranho ela não ter contado. Ela tinha ido num culto na Bola de Neve havia apenas três meses e ninguém ali tinha ideia do acontecido. Além disso, ela foi com uma amiga da faculdade, católica. Todos os presentes na reunião já se conheciam praticamente desde a infância: é um costume entre os luteranos, de maneira geral, e daquela comunidade em especial, começarem no caminho da religião desde a escola dominical, levados pelos pais, também luteranos. Claro que todos tinham amigos fora dali – nem fazia sentido ser diferente –, mas ir num outro culto evangélico assim, do nada?

— Só fui porque minha professora de canto insistiu. Eu já tinha te falado isso, Fabrício.

— É verdade, mas...

— Tá bom, não contei porque achei que não custava nada dar uma chegada até lá. Se eu gostasse, vinha aqui e dava um testemunho de quantas almas de drogados, de perdidos, estavam sendo salvos pela Palavra. Juro, eu estava disposta a fazer uma surpresa aqui para vocês... – e começou a lacrimejar.

— Não precisa chorar, querida – Raul falou, compreensivo.

— Tá, eu sei que eu estou exagerando, desculpem. Mas eu odiei. Me senti mal, pecadora, tudo de ruim. Fiquei com vergonha, preferi não falar nada.

Fabrício sorriu:

— Ah, tadinha...

— Sério, gente, *odiei aquilo*. Eu e minha amiga saímos com dor de cabeça. Eu estava com uma expectativa grande, mas não é fácil ouvir um pastor berrar durante horas.

Todos riram, finalmente. O ambiente se descontraiu.

— Então, querida, você está a fim de dar mais uma chance para a Bola de Neve? – Fabrício perguntou, desta vez a sério.

— Ah, eu não preciso fazer nada, né? – Todos riram novamente.

Ficou combinado que Raul iria entrar em contato com o pastor da Bola de Neve (que, claro, era o Paulo, ou Marcos Paulo). Apesar da má experiência de Valentina, ele achou conveniente assistir a um culto no galpão-igreja antes de entrar em contato com o pastor. Como ele era mais enfronhado com assuntos de igrejas evangélicas de modo geral que Valentina – que nunca assistira a um culto não luterano e que só conhecia igrejas católicas de casamentos –, Raul não se espantou. Devido a alguns encontros interdenominacionais, já tinha assistido a alguns cultos pentecostais, e realmente a Valentina tinha razão: não havia diferenças importantes entre os cultos das igrejas Bola de Neve e Deus é Amor.

Os contatos iniciais entre os membros das igrejas tinham sido os melhores possíveis. Marcos Paulo era um sujeito tranquilo, simpático, aparentemente sério. Gostou muito da ideia de um show do Rodolfo lá no Largo da Ordem: ele não o conhecia pessoalmente, mas conhecia o pessoal do núcleo da Bola de Neve de Balneário Camboriú, onde Rodolfo já estava atuando havia mais ou menos um ano, e provavelmente aceitaria de bom grado a aventura.

Alguns dias depois, Marcos Paulo liga para Raul:

— Olá Raul, foi melhor do que o esperado.

— Que legal!

— O Rodolfo adorou a ideia.

Combinaram que os custos da viagem de Rodolfo e da esposa, também evangélica, mais o pequeno cachê que ele cobrava (devia ser umas vinte ou trinta vezes menor que o cachê da época dos Raimundos, Marcos Paulo acrescentou – embora fosse um puro chute, já que não teve coragem de perguntar sobre os Raimundos para o Rodolfo) seriam divididos igualmente entre as igrejas Luterana e "Bola". O show seria dali a dois meses, dava bem tempo de combinar tudo, inclusive reservar o espaço – o auditório ao ar livre das Ruínas de São Francisco, no Largo da Ordem – na Prefeitura.

No dia do show choveu aos cântaros, o Largo da Ordem estava mais vazio do que de costume. Por sorte as igrejas tinham previsto essa possibilidade e colocaram uma tenda bem grande no lugar – não foi muito fácil conseguir a autorização com a Prefeitura, mas no final deu tudo certo ("Quando é o desejo do Senhor Jesus, as coisas acontecem", foi o comentário de Raul).

A reação da pequena plateia foi variada, como esperado: muitos bêbados e/ou drogados xingando o Rodolfo, pedindo que ele voltasse para os Raimundos; outros quietos, no canto, pensando por que diabos o maior roqueiro dos anos 90 no Brasil resolveu largar tudo para virar crente; e muitos fiéis de diversas igrejas da cidade, quase todos jovens, cantando e abençoado a cidade, levando adiante a Palavra de Deus.

Conseguiram impactar a cidade? Provavelmente não. Conseguiram salvar alguma alma perdida? Pouco provável.

Por mais frustrante que tenha sido o show, em todos os aspectos, ele serviu para alguns aprendizados. O Largo da Ordem é um local meio perigoso para o tipo de pregação que as igrejas queriam fazer. O melhor é tentar impactar a cidade de outras maneiras. Graças a Deus, por outro lado, não houve nenhum ferido, nem nada próximo disso.

De todo modo, a Palavra do Senhor Jesus é como uma cola que liga os fiéis e é impressionante o quanto que os membros da Bola de Neve e da Igreja Luterana têm em comum. Sobre esse aspecto, aliás, Marcos Paulo posteriormente brincou com os luteranos, já que ele achava que eles eram uns católicos disfarçados – só depois que ele foi num culto na comunidade luterana ele viu que a coisa não era bem assim. No que Raul, respondeu, rindo, que a maioria dos cultos luteranos tem muito em comum com a missa católica *mesmo*, mas, dada a liberdade que todos sempre tiveram, desde Lutero, uns anos antes o culto da comunidade de Raul sofreu uma modificação profunda, que resultou no culto evangélico "normal" a que o Marcos Paulo acabou assistindo. Importante ressaltar, por outro lado, que a intimidade entre os membros das duas igrejas não era tão grande a ponto de algum luterano chegar para um membro da Bola de Neve e vir com a famosa, e sempre repetida, frase: "Deus não é surdo". Não havia por que haver provocações no seio da Igreja do Senhor Jesus.

Depois do show, Raul e Marcos Paulo se viram poucas vezes. Os compromissos com as próprias igrejas e com as igrejas próximas (Presbiteriana e Batista no caso da Luterana, por exemplo) acabaram espaçando os contatos – até a reunião na casa de Raul, quando Marcos Paulo (ou Paulo) estava com Cecília e os pais dela.

Todos ficaram muito felizes quando se reconheceram. Mesmo Valentina, que não tinha gostado da Bola de Neve, conforme comentamos, já tinha perdido a má impressão – graças, claro, ao show do Rodolfo Abrantes, e acabou por gostar do pessoal daquela igreja. Claro, assistir aos seus cultos dava um pouco de dor de cabeça, mas ninguém ali foi em muitos deles no enorme galpão que servia de templo.

Todos ali acharam que esse passeio até Salto Morato, que começou numa consulta do médico Jorge com a paciente Fernanda (foi assim mesmo que eles falaram), era um sinal de Deus de que não só eles sempre estiveram corretos na união das duas igrejas – uma nova, outra antiga –, como que a viagem para Salto Morato seria um sucesso.

Só que não foi. Na semana anterior à viagem, Fernanda e os pais pegaram uma intoxicação alimentar violenta e foram obrigados a se internar no São Lucas. O problema é que o acesso a Salto Morato era restrito e havia necessidade de reservar o local com um bom tempo de antecedência. Como ninguém pensava em fazer a viagem com a família da Fernanda no hospital, acabaram adiando o passeio para uma data posterior – que, mais ou menos dez anos depois, ainda não havia chegado. E, Jorge pensava, obviamente, que não chegaria nunca.

Mas já dissemos que a falta da viagem não diminuiu em nada a importância do encontro na casa de Raul. A razão disso é descrita na sequência.

Na volta para casa, Joana estava esfuziante, ansiosa, elétrica. Não só ficara feliz que a filha parecia ter entrado nos eixos, como achava que a Bola de Neve poderia ser a liga que faltava para eles voltarem a ser uma família de verdade.

— Mas Joana, o Marcos Paulo é todo tatuado, como é que você pode ter certeza de que ela está no caminho certo? – Jorge perguntou, debochado, porque sabia que a mulher não gostava de tatuados.

— Deixa de ser idiota, Jorge, estou falando sério!

— Perdeu o preconceito, então? – Jorge perguntou, meio rindo, meio feliz com a alegria da esposa.

— Ah vá, o sujeito é pastor!

— Sim, mas quem me garante que essa igreja não é do mal?

— Se fosse do mal o Marcos Paulo – sim, não tinha como o casal chamar o Marcos Paulo de Paulo, por razões fáceis de compreender – não seria amigo do pessoal da Luterana, né?

Um bom ponto. A comunidade luterana do Raul, eles descobriram na reunião, era a mesma de Paula, uma das melhores amigas de Joana; as duas faziam artesanato juntas. Paula sempre falava da comunidade para Joana, e algumas vezes a convidara para assistir a algum culto. Joana até que não achava a ideia ruim, mas não tão boa a ponto de sair de casa nas manhãs ou tardes de domingo (os cultos eram às 10 e 19 horas). Apesar de Paula nunca ter falado sobre Raul, Joana sabia que era a mesma comunidade, no Largo da Ordem. A Paula era uma descendente de alemães toda quadrada, simpática, de família luterana desde sempre. Raul não parecia ser assim tão diferente, também tinha jeito de alemão e, apesar da amizade com o tatuado, parecia ser bem careta. Do jeito que a Joana gostava, claro.

— Então, Joana, você quer assistir a um culto com Cecília?

— Claro!

— E você quer que eu vá junto?

Todos sabiam do agnosticismo do médico. Joana era católica, às vezes rezava o terço, às vezes assistia a uma missa, mas nada muito fervoroso. Se ela estava fazendo alguma coisa mais interessante, como artesanato, ou cozinhando, deixava a missa de lado, o que normalmente acontecia.

Os filhos fizeram Primeira Comunhão no colégio, mas não se interessaram muito em fazer a Crisma e acabaram não se crismando. Tampouco iam muito à missa quando solteiros. Paulo provavelmente faria a filha fazer a Primeira Comunhão também, quando estivesse na idade, mas não imaginava uma assistência muito assídua a missas por parte dela. A família não tinha nenhum "papa-hóstia", Jorge se divertia em pensar. O assunto "religião" era pouquíssimo aventado na casa deles e provavelmente era isso que fazia com que o médico pudesse "praticar" seu agnosticismo em paz. A moral rígida frequentemente vem com fervor religioso, mas isso, graças a Deus, não acontecia com Joana. Já imaginou, brigas por causa de religião em casa?

Enfim, havia a possibilidade de ela mudar de ideia a essa altura e virar uma crente fervorosa. Tudo podia acontecer, em se tratando de Joana.

— Ué, vai se quiser!

— Eu sei que você quer se reaproximar da sua filha, mas será que não era melhor eu ir junto para aparar as arestas?

— Sei lá. Eu sei que você não gosta desse tipo de programa...

— Mas vocês duas não se falam direito há anos. Será que não tinha um jeito de evitar riscos?

— Sim, eu sei que pode dar errado, mas você sabe como eu quero que a gente volte a ser uma família.

Jorge sabia, e isso o emocionava, na verdade. Ele tinha a nítida impressão de que a mulher não teria sossego enquanto não tivesse uma vida de mãe-e-filha com Cecília.

— Tenho uma ideia: você viu como o Marcos Paulo parece insistir para que a Cecília volte às boas com a gente. Quer que eu ligue para ele? Ele deve saber das confusões da família, mas, mesmo que não saiba, ele não vai se incomodar de fazer o meio de campo entre vocês duas.

— Eu me sinto meio fracassada em ter que pedir para outra pessoa, que só conheci hoje, me ajudar a conversar com minha filha – Cecília estava lacrimejando.

— Entendo. – Jorge teve vontade de abraçar e beijar a mulher. Ele imaginou o quanto ela estava lutando contra si mesma para abrir essa brecha para ele; ela, que nunca abre brechas. – Então, como faremos? – Jorge acrescentou.

— Eu ligo pra ela. Tenho que fazer isso.

E ligou mesmo. Cecília ficou emocionada com a ligação da mãe, claro que a levaria para o culto. Nada como o tempo para curar feridas, não é? O Senhor Jesus nos manda perdoar até os inimigos, é claro que não tinha como ela pensar mal da própria mãe. Joana, que não podia deixar de ser quem ela era, perguntou se Cecília estava namorando. Cecília riu e disse que o Marcos Paulo, mais de uma vez, a pediu em namoro, e que "pedir em namoro" ainda se usava na Bola de Neve. "E você não aceitou por que, Cecília?". "Ah, mãe, porque ele é tatuado", e riu de novo.

No domingo, uma meia hora antes do combinado para que eles fossem pegar Joana para o culto, toca a campainha. Eram Marcos Paulo e Cecília, pedindo para subir. "Claro, subam", Jorge atendeu.

Joana ainda estava se arrumando e Marcos Paulo foi o primeiro a falar:

— Doutor Jorge, eu vim aqui lhe fazer um pedido.

Aquele sujeito todo tatuado, com camisa e bermuda de surfista, todo formal. A gente morre e não vê tudo, divertiu-se Jorge.

— Fique à vontade.

— Quero pedir a mão da sua filha em casamento.

Tatuado e com roupa de surfista, mas crente é sempre crente. Bem, Jorge não podia se dizer chocado: já tinha, inclusive, conversado com Joana sobre o fato de que os dois trocavam olhares suspeitos.

— Mas vocês já estavam namorando quando te conhecemos, Paulo? – ele tinha que se forçar a omitir o "Marcos".

— Estávamos. Eu queria falar faz tempo, mas a Cecília...

— Verdade, pai. Eu não quis falar nada. Nem da religião, nem do casamento...

— Mas por que, filha?

— Ah, já tive problemas o suficiente com isso aqui em casa, né? – Cecília riu. Um riso contagiante. "Quem era esse Senhor Jesus que fazia com que anos de rixas e mal-entendidos se transformassem, assim, em objeto de um riso alegre?", Jorge não pôde deixar de se perguntar.

— É verdade, filha. – E riu também.

— Então pai, aceita ou não?

— Como se eu tivesse qualquer voz aqui em casa! – Jorge riu de novo.

Todos estavam rindo quando Joana entrou na sala. O que estava havendo?

— Seguinte, Joana, o Paulo está pedindo a mão de nossa filha em casamento.

Joana arregalou os olhos, começou a chorar:

— Claro, filha. Fico tão feliz que você não pode imaginar.

A ocasião, importante do jeito que era, pedia uma atitude ousada de Jorge:

— Para comemorar a ocasião, quero ir no culto também!

— Não, você não vai não, Jorge. Nem em Deus você acredita!

— Mas, Joana... – Era melhor não insistir muito antes que ela mudasse de ideia. É óbvio que a mulher estava certa. O melhor era não levar sua falta de fé para aquele momento, sem ironias, emocionante.

— Paulo, você não se incomoda em ter um sogro que não acredita em Deus?

— Claro que não, doutor Jorge. Meu pai também não acredita!

— E você cresceu sem educação religiosa?

— Não, minha mãe é da Deus É Amor, sou evangélico desde criança. Sou surfista também. Cheguei a participar do Campeonato Brasileiro de Surf, e foi no surf mesmo que acabei mudando de denominação. Tem muitos surfistas evangélicos!

Nisso Jorge já tinha ouvido falar. Parece que os crentes se infiltram em todos os lugares, o médico divertiu-se consigo mesmo.

Joana voltou deslumbrada do culto, que a Jorge pareceu interminável – mesmo esperando em casa. Tendo começado às sete da noite, só foi terminar perto das onze. Joana achou linda a fé dos fiéis, a quantidade de vidas salvas, a quantidade de ex-drogados, de perdidos em geral que estavam vivendo uma vida nova. É meio diferente para quem é católico, claro, já que eles rezam meio que gritando. E o barulho é meio alto. Mas é assim que a juventude gosta, né?

E, assim, a relação entre Cecília e a família a foi melhorando. Logo, Jorge estava pagando almoços de domingo na Churrascaria do Couto Pereira para os dois filhos, a neta, a nora e o futuro genro. E Joana, claro. A parte atleticana da família (Joana, Cecília e, agora, Marcos Paulo), obviamente, reclamava do local. Falar em futebol sempre fora um jeito, conforme vimos, de Jorge fazer com que a filha e a mulher se entendessem.

Foi com satisfação que Jorge percebeu que Paulo e Marcos Paulo logo começaram a se dar bem. Durante um curto período na adolescência, Paulo chegou a se interessar pelo surf, comprou prancha e ia surfar no litoral do Paraná. Dessa época veio o conhecimento, por parte de Paulo, da existência do Marcos Paulo, um dos melhores surfistas do estado na época. Não chegaram a se conhecer, mas Paulo ficou feliz em ter um cunhado tão bom surfista. E tão simpático.

E, claro, Marcos Paulo não se incomodava, no seio da família Passos, de ser chamado de Marcos. Com o tempo, como Jorge e Joana sempre se referiam entre si ao genro como Marcos Paulo, chamavam-no de Marcos Paulo mesmo, e este acabou virando o nome oficial dele na família.

Como não podia deixar de ser, à medida que o tempo foi passando, a religião acabou fazendo parte dos almoços na família. Praticamente, desde o início Marcos Paulo e Cecília pediam a palavra antes do almoço para orar. É meio estranho, dada a peculiar dinâmica das churrascarias rodízio, alguém começar o almoço com uma oração. Mas logo se acostumaram.

O que os "laicos" da família (Paulo e a mulher e Jorge) gostavam especialmente em Marcos Paulo era que ele, fora do momento da oração, não falava em religião. Quando o assunto vinha à baila, normalmente era por curiosidade de alguém mesmo. "Tem muito fiel chato?"; "É muito difícil a vida de pastor?"; "Já tiraram muita gente das ruas?".

À medida que o tempo ia passando, apareceu em Paulo a curiosidade de assistir a um culto na Bola de Neve. Perguntou para o quase xará o que ele achava da ideia.

— Boa, claro, mas acho que você não vai gostar.

— Mas por quê?

— É muita gritaria – Marcos Paulo riu. – Vai que você pega raiva de mim?

Por mais divertida que fosse a resposta, Marcos Paulo sabia do que estava falando. Pessoas católicas, de classe média alta – como a família Passos –, e sem histórico de desajuste com bebida ou drogas, raramente se tornavam fiéis da Bola de Neve. Depois de muitas experiências nesse sentido, Marcos Paulo sabia do que estava falando.

— Se você quer ter contato com a Palavra, por que você não tenta a Luterana, do meu amigo Raul? As músicas do culto da manhã são tão bonitas e sossegadas que até seu pai é capaz de gostar do culto. – Secretamente, Marcos Paulo tinha esperança na conversão do Doutor Jorge; ele era pastor, afinal de contas. – E vocês podem levar a Mariana também. Nos cultos de domingo tem escola dominical, um espaço onde as crianças podem ouvir a Palavra do Senhor Jesus no tempo e no jeito delas.

Joana, que estava adorando assistir aos cultos à noite com a filha, gostou da ideia. Iria com Paulo, se ele quisesse, na Luterana de manhã. Dali a duas semanas Marcos Paulo e Cecília tinham folga, poderiam ir também. Todos gostariam da ida de Paulo, Paula e Mariana. A ida do Doutor Jorge seria a cereja do bolo, Marcos Paulo pensou secretamente.

Paulo gostou da ideia, Paula também, e combinaram que iriam todos ao culto das dez da manhã, na Luterana, dali a duas semanas.

Parecia a mão de Deus atuando. A família de Paulo amou o culto, amou o pessoal da Luterana. Mariana passava a semana inteira dizendo que tinha adorado os novos amiguinhos, Paula achou que um pouco de religião iria unir o casal – cuja relação passava por momentos difíceis. Estranha mesma foi a reação de Paulo: ele disse, depois, que aquele primeiro culto na Luterana tinha sido como que uma epifania para ele. Ele nunca conseguiu explicar direito, mas, a partir daquele dia, qualquer dúvida que ele pudesse ter tido sobre a existência de Deus evaporou-se completamente.

A família de Jorge, dez anos depois da reunião, estava unida no Santo Nome de Jesus. O casal Marcos Paulo-Cecília era legitimamente feliz (mas sem filhos – aparentemente Cecília era estéril, mas ninguém gostava de tocar no assunto); a agora adolescente Mariana era ativa no grupo de jovens Kairós, da Luterana; Paulo e Paula despendiam boa parte de seu tempo livre em reuniões, encontros e retiros com outros luteranos; e Joana, com sua obsessão característica, estava disposta a recuperar para sempre a união com os seus filhos, e ia no culto na Luterana com Paulo, pela manhã, e com Cecília, na Bola de Neve, à noite.

Joana parecia legitimamente convertida ao culto do Senhor Jesus. Quanto a Jorge, ele só achava os crentes chatos.

SORRY

"Is it too late now to say sorry?"

(Julia Michaels, Justin Bieber, Justin Tranter, Michael Tucker, Sonny Moore)

Nona série

Segunda-feira, 4 de maio

Eu me chamo Renata e sou aluna da nona série. Aqui no Colégio a gente se senta por ordem alfabética, o que faz com que eu me sente atrás do Rafael. É o primeiro ano em que ele estuda aqui em Curitiba. Ele veio de Videira, lá onde o diabo perdeu as botas, e tem sotaque de catarinense, mas não muito. Explico: como ele morou também em Goiás, o sotaque dele é meio misturado. Ele ri da minha cara cada vez que eu falo "leite". Cariocas falam "leitch", catarinenses não, mas, segundo o Rafael, só os curitibanos pronunciam de maneira tão ridícula o "te". "Leite quente dá dor de dente", é a frase que ele usa quando quer zoar o sotaque dos curitibanos. Estou tentando pensar num jeito de dar uma ideia para você, que me lê, de entender como o nosso sotaque é diferente (ridículo, segundo o Rafael), mas não tenho ideia de como fazer. Então, para você que não sabe como é o sotaque daqui, imagine uma coisa "peculiar", que é uma expressão que meu pai usa de vez em quando. Às vezes, ele vem com uma palavra muito nada a ver e eu e a minha mãe olhamos para ele como se ele fosse maluco e ele fica meio espantado, meio debochado, e acaba perguntando: "Não tinha ideia de que vocês não sabiam o que (aí você coloca a palavra esquisita que meu pai falou) é".

Tenho que ser justa com o Rafael. Ele não ri só do nosso sotaque. Ele é muito mais palhaço quando imita o sotaque do pessoal de Videira. Faz até umas caras diferentes, todo o mundo dá risada. Quando o Rafael chegou ao Colégio, ele, coitadinho, ainda estava meio deslocado, às vezes ficava sozinho no recreio e me partia o coração. Ainda bem que essa fase não durou muito. Ele logo entrou para equipe de basquete do Colégio e agora todo o mundo gosta dele por aqui. Então. Eu preciso me concentrar, se não vem uma ideia, vem outra e daí você, que me lê, vai sair por aí falando que a "Renata se perde no meio da história". Calma lá!

1. Ninguém está te obrigando a ler porcaria nenhuma.
2. Tenho culpa se às vezes vem uma lembrança no meio do que estou falando e eu acho que vai ficar legal se eu inserir aqui?

Lá está ele prestando atenção na aula – ele sempre presta – e eu, para variar, não estou nem aí. E quero chamar a atenção dele. Resolvo cutucá-lo com uma caneta. Ele se vira, discreto, e pergunta o que eu quero. Já te disse que ele é educado? Pois é, né? Poderia ter se virado com rapidez e iria chamar a atenção do professor (a gente se senta nas cadeiras do meio, nem no fundão, nem na primeira fila).

— Nada, só queria te encher o saco.

— Ah, vá.

E se vira para o professor. Eu o cutuco de novo.

— Que que é, guria?

Agora ele está segurando o riso. Ai que amor.

— Nada, já te disse que eu só quero te encher o saco.

— Preste atenção na aula, guria, senão você não vai aprender matemática.

— Eu detesto matemática.

— Mas precisa aprender.

— O que está rolando aí?

Agora é a vez de o professor falar. O diálogo de dois passou para um diálogo de três.

— Nada, professor.

— Sei.

E continua a explicação.

Não tem jeito, eu TENHO QUE INCOMODAR o Rafael.

Quando o professor se vira para escrever no quadro, jogo uma bolinha de papel amassado em cima da carteira do Rafael. Ninguém me segura.

— Pare, guria.

— Não paro.

— Se você não parar vou reclamar pro professor.

É claro que eu não paro de incomodar e ele não vai se queixar para o professor. Eu digo que ele é querido.

Eu estou ficando com o Paulinho, lá do grupo do Dror.[1] Quer dizer, quando a gente vai na Machané,[2] ou coisa parecida, a gente fica. Lá no Dror, obviamente, não dá pra gente ficar se agarrando. Ele beija bem e me diz que eu beijo bem. E assim a gente vai indo.

Minha mãe me disse que, no tempo dela, não tinha essa de "ficar". Quase sempre, quando uma menina ficava com um menino, eles já começavam a namorar. Não faz muito sentido, se você pensar bem. Ficar é legal, não tem por que ficar namorando com cada um que você fica. Mas também, né? Meus pais são velhos, tinham minha idade faz muito tempo. Aposto que nem se lembram direito do que rolou naquela época, já que faz taaanto tempo mesmo.

Tadinhos. Eu não devia ficar zoando assim os meus pais, mas não tem como resistir.

Meu pai, por exemplo, bobeou, ele está com torcicolo. Qual a primeira coisa que eu faço quando o coitado está com torcicolo? Eu o imito. Assim, são dois na família que têm que virar o corpo todo porque não conseguem virar o pescoço quando querem olhar para o lado. Ele porque está com torcicolo, claro, e eu porque quero rir da cara dele.

---

[1] O Habonim Dror, ou simplesmente Dror, é um movimento judaico juvenil.

[2] Acampamento dos membros do Habonim Dror.

Muito pior é com minha mãe. Ela tem o tipo de uma dislexia, ou coisa parecida, que faz com que ela se confunda com umas palavras. Estávamos assistindo à cerimônia de abertura das Olimpíadas quando o narrador falou que estava chegando a delegação de Tuvalu. Minha mãe não teve dúvidas: "Olha aí a delegação de Tubalu". Na hora. O pior é que quando ela confunde algumas palavras, as palavras que ela inventa até *parecem* de verdade, mas não são. Aí a gente demora um tempinho para perceber que ela acabou de falar bobagem. Meu pai então se junta comigo e nós dois passamos a dar risada da minha mãe, que fica sem graça, sorri amarelo e não leva a coisa tão na brincadeira quanto meu pai quando rio dele. Por isso é que é muito pior para minha mãe, porque são dois rindo dela e, como diz meu pai, ela *se leva a sério*, coisa que ele não faz. Acho que não faz. Tem horas que não dá para entender direito o que se passa na cabeça do meu pai.

O Rafael é quietão, mas, veja bem, meio metido. Ele ainda estava naquela fase de ficar sozinho no Colégio quando eu resolvi me apresentar para ele. Queria enturmá-lo, né? Eu sou boazinha, afinal de contas. Cheguei para ele:

— Oi, Rafael, eu sou a Renata.

— Eu sei.

Fiquei de cara. Mas que cara metido! Vê lá se isso é jeito de responder alguém que só quer enturmá-lo?

Por outro lado, bem, ele já sabia quem eu era. Será que saiu perguntando a meu respeito por aí? Será que gostou de mim? Será que me achou, sei lá, bonita?

Aqui eu preciso dizer umas coisas dolorosas. Eu era uma menina bonita na infância. Muito bonita. Eu chegava em qualquer lugar em que houvessem desconhecidos e já sorria, esperando os elogios, que quase sempre vinham, porque eu era bonita *de verdade*.

Aí vieram as espinhas. Espinhas no rosto, descendo para o pescoço e chegando até nas costas. Eu olho para aquelas espinhas todas e choro todos os dias. Tá, todos os dias não, mas você entendeu.

Como a desgraça nunca vem sozinha, junto com as espinhas vieram os problemas nos dentes. Eu tinha os dentes tão bonitos, e agora está aquela coisa horrorosa. Eu choro todos os dias por causa dos dentes também.

Mas por que uma menina tão linda quanto eu foi ficar desse jeito, toda estragada? Assim, de uma hora para outra? Eu não precisava passar por isso, precisava? É o que eu pergunto para os meus pais, que dizem que adolescência é assim mesmo, difícil para todo o mundo.

Duvido. Meus pais quase não tiveram problemas com espinhas, pelo que eu vejo pelas fotos deles (fotos só em papel, né? Eu digo que eles são velhos). Meu pai usou aparelho de dentes quando era mais novo que eu (imagina há quanto tempo!), então não tinha nem problema de espinha, nem de dentes. Como é que ele pode dizer que a adolescência é difícil para todo o mundo? Para ele certamente não foi! Vejo pelas fotos dele em papel que, além de tudo, ele era lindo. Maravilhoso. Um gato.

Mas ele me disse que a adolescência dele não foi lá essas coisas também e que beleza não é tudo. Acho que ele só quer me consolar, mas enfim... Digamos que seja assim mesmo a adolescência, uma "fase difícil". Que raiva.

Já minha mãe, parece, teve uma adolescência mais tranquila, pelo que ela diz. Estudava alemão, inglês e piano, fora as aulas da escola. Devia ser um saco. E as duas amigas de infância dela que eu conheci, Renata (ai! meu nome) e Juliana, são chatas. Acho que eu e meu pai estamos melhorando a minha mãe, que devia ser insuportável igual às amigas dela quando tinha minha idade.

Enfim, como será que o Rafael descobriu meu nome? Para organizar um pouco isso aqui, vamos às opções:

1. Perguntou para alguém?

2. Ouviu na chamada?

3. Alguém contou para ele?

Nas opções 1 e 2, o Rafael se mostra interessado, não acham? Mesmo se ele ouviu meu nome durante a chamada, isso quer dizer que ele *estava prestando atenção em mim*. A opção 3, digamos, é a mais desfavorável, já que ele não precisou tomar nenhuma atitude para saber meu nome, ao mesmo tempo em que é a mais improvável. Veja bem: quando eu fui me apresentar para ele, o Rafael ainda não tinha amigos; era bem difícil, eu acho, que alguém tenha falado *o meu nome para ele*, assim, do nada. Somando tudo, portanto, ele deve ter tido algum interesse prévio por mim (*interesse prévio* é uma expressão que meu pai usaria também, acho).

De todo modo, você deve estar se perguntando: será que essa maluca dessa guria não acabou perguntando como o Rafael sabia o nome dela? Já te respondo, peraí.

Eu ainda não falei nada sobre a aparência do Rafael. Ah, ele é bonito. Chega. Vou ficar sem graça se eu falar mais (você deve estar pensando aí: essa menina está a fim do Rafael, que é um gato. E eu respondo: não se meta na minha vida).

No fim das contas, pensei que era dar muita moral para o menino perguntar para ele como é que ele sabia o meu nome. O Rafael já parecia alguém *que se achava*, eu não precisava deixá-lo mais metido ainda mostrando interesse em como, afinal, ele sabia o meu nome.

Mas como é que ele sabia? Ao invés disso, eu só falei:

— Ah, que bom que você sabe meu nome.

Ele riu. Para alguém que não tinha amigos, o Rafael era bem seguro de si, né?

— Também acho bom.

Como assim? Eu estava tentando não o deixar assim tão senhor de si, mas não resisti:

— Bom por quê?

— Ué, é bom saber o nome dos nossos colegas, né?

"Ai... Como é metido! Ele me paga!", pensei na hora.

Maaaaaas não foi por isso que eu fiquei incomodando o Rafael no começo desta história, que você já leu umas páginas antes. Depois desse primeiro contato não muito favorável, nós até que nos demos bem. Não tão bem, claro, porque ele fez amizade rapidinho com os caras e ficava lá com eles. Os melhores amigos dele são o Mau, o Chico e o Juca (um parêntese aqui: quando falei para o meu pai os nomes dos três melhores amigos do Rafael, ele disse: Chico e Juca são apelidos antigos e meio ridículos. Ele me disse, inclusive, que gosta do Juca Kfouri, mas não do Juca de Oliveira, mas que esses dois famosos *se acham*. Segundo meu pai, *tomando por base esse pequeno universo de Jucas, o amigo do Rafael devia se achar também*. Meu pai tem umas ideias estranhas...). Os quatro estudam na minha sala, assim como as minhas melhores amigas, que conheci no ano passado: a Paula, que não é judia, como eu, mas que também está lá no Habonim Dror, a Teresa e a Maria.

Acho bom eu falar um pouco sobre minhas amigas, para você ter uma ideia de como são elas.

Da quarta para a quinta série eu saí do Colégio em que estava e vim para o que estou hoje, que é beeeem grande, o maior da cidade. Eu estava apavorada de medo de não fazer amizades, mas logo me acertei com a Teresa e ficávamos juntas o tempo todo. Depois de uma semana, ela me manda uma mensagem tão bonitinha, que eu acabei mostrando para os meus pais:

"Obrigada, Renata, pela primeira semana maravilhosa que você me proporcionou aqui no Colégio".

Meu pai achou linda a mensagem. Acho que ele também estava com medo de que eu não arranjasse nenhuma amiga no Colégio e ficou aliviado quando viu que eu arranjei uma grande amizade assim, logo de cara. A Teresa começou a estudar aqui na quinta série, junto comigo, e também estava com medo de não fazer amigos. Aliás, todos na minha sala começaram a estudar no nosso Colégio juntos! Se eu soubesse que estavam todos tão perdidos quanto eu, não teria ficado tão estressada à toa antes de começar a estudar aqui.

Assustada mesmo estava a Paula no primeiro dia do Dror. Um amigo judeu dos pais dela sabia que eles gostavam de judaísmo e essa coisa toda, e resolveu falar para eles para levar a coitada para o Dror! Ela não estudava na Escola Israelita (onde eu mesma nunca estudei), mal sabia o que era

Yom Kipur[3] e caiu de paraquedas lá no nosso grupo da Juventude Judaica. O amigo dos pais dela é bem relacionado lá na comunidade, e se ele falou para ela entrar no Dror, bem, ela teria que entrar.

Mas este bambambã da comunidade acertou em cheio, é forçoso reconhecer (outra expressão que meu pai curte). A Paula, em pouco tempo, fez amizade com todo o mundo e agora ela é uma das chaverot[4] mais queridas do Dror. Para que vocês tenham uma ideia, dois anos atrás foi o Bat Mitsvá[5] das meninas da nossa kvutzá[6] – menos da Paula, que não é judia. Na festa, depois da sinagoga, nós fizemos um círculo em volta dela, dançamos de mãos dadas e a abraçamos. Era nossa maneira de dizer para ela que *ela era uma de nós*. A Paula diz que até hoje se emociona com a homenagem que fizemos para ela – e eu também me emociono quando me lembro.

É claro que a melhor amiga da Paula no Dror sou euzinha aqui, que a fez encher tanto o saco dos pais dela que ela acabou conseguindo se transferir aqui para o nosso Colégio. Ela começou a estudar aqui este ano, junto com o Rafael.

Finalmente, a Maria. Sabe aquelas meninas na sala que não cheiram nem fedem? Então, a Maria era uma dessas. Sei lá que diabos deu nela de me convidar, mais ou menos no começo do ano passado, para passar uma noite lá na casa dela. Fui, estava legal, mas ela não era bem minha amiga, né? Continuamos só no "oi" e "tchau" um bom tempo depois disso.

Daí, no começo deste ano, a Maria me convidou de novo para dormir na casa dela. Fui lá e *alguma coisa* aconteceu. Começamos a falar sobre meninos, a sala, as amigas e, quando vi, já tinha uma nova BFF. Em quase todos os fins de semana eu vou dormir na casa dela – às vezes, ela vem na minha casa, mas é mais raro – e assistimos a algum filme. Quer dizer, ela assiste, né? Os filmes têm alguma coisa de especial, que em pouco tempo me fazem dormir.

---

[3] Dia do perdão (ou da expiação), a data mais importante do calendário judaico. Nessa data os judeus devem fazer jejum de quase 26 horas, além de uma série de outras proibições.

[4] Singular feminino de *chaverim* (literalmente, "amigos"), os participantes do Dror.

[5] O Bat Mitzvá representa a "iniciação" religiosa feminina, ou seja, a marcação da maturidade religiosa das meninas dentro do Judaísmo, quando elas completam 12 anos. É uma tradição relativamente recente, de 1920, que surgiu com o objetivo de trazer as mulheres de volta às sinagogas.

[6] Grupo em hebraico. O termo é utilizado para designar os grupos do Habonim Dror.

Acho que a Maria é a irmã que eu não tive. Aquela menina que me deixa tão à vontade que não há o menor constrangimento em só estar do seu lado dormindo, babando no travesseiro. Às vezes, ficamos um tempão sem falar nada uma ao lado da outra, só sabendo como é legal uma estar ali, sabendo que se precisar de alguma coisa sua BFF está pronta para qualquer coisa.

E o mais engraçado é que, apesar de a gente ter ficado muitos meses quase sem se falar depois que passei aquela noite na casa dela no ano passado, meu pai sempre perguntava da Maria, "aquela menina quietinha que mora lá no Champagnat" (foram meus pais que me levaram e me trouxeram de volta da casa dela). Depois que a gente virou BFF, meu pai disse que "sempre tinha sentido" que a amizade entre nós duas era mais séria do que parecia.

Meu pai me dá medo de vez em quando.

Aliás, agora que comentei que meus pais me levaram e me buscaram lá na casa da Maria, lembrei-me que os dois conseguem ser um saco quando querem. Não me deixam sair nunca! Tá, estou exagerando, mas cada vez que eu tenho uma festa para ir tenho que fazer um relatório completo: quem são os pais, onde moram, que eu sou muito nova para beber, que meu pai não bebe, então não tem motivo para uma menina tão nova beber, que eles têm medo por causa da segurança... Saco! Aí eu fico batendo o pé e às vezes consigo ir, às vezes não.

Normalmente, minha mãe é a quem mais proíbe as coisas, e meu pai é aquele que entende meu lado. Mas não dá para confiar muito não. Às vezes, minha mãe até me deixa ir em algum lugar, sair com alguma amiga ou coisa parecida, daí é meu pai que diz que não quer, que está com uma "impressão ruim" e que acha melhor eu não ir. É enlouquecedor.

Mas eu também tenho minhas táticas: como às vezes é um e às vezes é o outro que não quer que eu vá em algum lugar, o que eu costumo fazer é incomodar mais aquele que está menos seguro na proibição. Fico falando, falando, falando para um dos dois – normalmente meu pai –, até que um acabe convencendo o outro de que, afinal de contas, não tem nada demais em eu sair. "Todas as minhas amigas podem sair sempre que querem, só eu que não!". Esse é meu argumento principal, que é verdadeiro, mas só em parte. A Gabriela, do Dror, não pode sair nunca! Coitada dela. Meus pais sempre a citam quando eu faço uso do meu argumento mais utilizado, mas não estou nem aí. São literalmente *todas* as minhas amigas que podem sair sempre – menos a Gabriela, óbvio, mas ela não conta.

Enfim, estou aqui jogando papelzinho na carteira do Rafael, que está meio bravo, meio achando graça.

Terça-feira, 5 de maio

Será que o Rafael gostou de eu ter enchido o saco dele na aula de ontem? Não sei. Parece que não mudou nada. Mas ele tem aqueles olhos pequenos, acho que consegue disfarçar melhor os sentimentos.

Será que pessoas com olhos pequenos disfarçam bem os sentimentos ou estou falando a maior besteira da vida? Sei lá.

Mas é melhor não deixar que ele se ache, né? Se ele espera que euzinha aqui vai dar atenção para ele de novo, está muito enganado. Vai achar que eu estou a fim dele, mas eu não estou mesmo. Vou ficar quieta aqui no meu canto. A aula inteira.

Cai um papelzinho na carteira dele. Adivinha quem jogou? Euzinha, né? Se ele ficar bravo de verdade é sinal de que... sei lá, é sinal de que ele ficou bravo. Sei lá.

Só que ele não faz nada. ELE NÃO FAZ NADA.

Não vou deixar barato. Jogo mais um papelzinho na carteira dele. Agora o sujeito vai fazer alguma coisa. Não faz. NÃO FAZ.

Babaca. Babaca. Babaca.

A aula está no final, vou ver o que acontece.

Bate o sinal. Parece que o Rafael está chorando. Eu me levanto, vou até a carteira dele, e ele está com a mão no rosto, chacoalhando-se como se estivesse chorando.

— Ei, Rafael, o que está acontecendo?

— Nada.

— Mas...

Os olhos dele estão vermelhos. Acho que está chorando.

— O que está acontecendo, Rafael, você está chorando por quê?

— Nada, já disse. – Esfrega as costas da mão nos olhos e sai falar com os amigos.

Que coisa estranha. Estava chorando mesmo. O que será que aconteceu com ele?

Quarta-feira, 6 de maio

Acho melhor não incomodar o menino hoje. Tadinho, estava chorando ontem. Por outro lado, se eu não fizer nada, ele não vai fazer nada e eu não vou ficar sabendo por que ele estava chorando ontem.

O sinal para começar a aula ainda não bateu, vou perguntar para ele:

— Por que você estava chorando ontem?

— Minha namorada terminou comigo!

— Nem sabia que você tinha namorada...

Algo me diz que essa menina não presta.

— Ela não é daqui de Curitiba. A gente namorava lá em Videira, eu vim para cá, ela ficou.

— Não deve ser fácil namorar assim de longe...

O que eu falo pra ele? Ninguém que eu conheço nem namora sério!

— Foi o que ela disse. Que ela me deixava livre pra ficar com quem quisesse aqui.

— E ela, claro, quer ficar livre pra fazer o que quiser por lá.

Eu digo que essa menina tem jeito de não prestar.

— Não fale assim dela, Renata. Você nem conhece ela.

Eu e minha boca. Hahaha. Mas se é isso que eu acho, o que eu vou fazer?

— Tá, desculpa. Mas pra mim ela já deve estar ficando com alguém lá.

Acho que agora peguei pesado. Vai que ele começa a chorar na minha frente? Vai ser muito constrangedor.

Rafael está olhando para baixo, levanta a cabeça lentamente, olha para mim... e começa a rir!

Que momento! Nunca que eu esperava uma reação dessas do menino.

— O que você está dizendo, guria?

E ri de novo.

— Que ela só te deu o fora pra ficar com um cara por lá. Simples assim. Só não vê quem não quer.

— Tá, mas eu pedi teu palpite?

— Não, mas eu estou dando!

Aí ele começa a rir de novo.

— Você não tem jeito, guria!

O que será que isso quer dizer? Será que ele me acha uma idiota? Será que ele me acha uma palhaça?

Será... que ele está a fim de mim?

Tá, essa última pergunta não faz sentido. Só um pouco, vai. Pensa comigo: se ele não tivesse nem uma quedinha por mim ele não iria me xingar?

Ou está a fim de mim ou não me leva a sério.

Quinta-feira, 7 de maio

Ontem a gente acabou não conversando quase nada durante a aula, além do que eu já contei.

Pensei assim: se ele está a fim de mim, é melhor deixar pra lá porque eu não estou a fim dele. Nesse fim de semana, aliás, tem Machané e o Paulinho vai estar lá e, como sempre acontece antes das Machanés, ele começa a me mandar mensagens todo queridinho. O que quer dizer é que... pra variar, a gente vai ficar na Machané e eu estou animada. Vai ser numa chácara em Colombo que a gente nunca foi.

Aí você deve estar me perguntando: e os seus pais, Renata? Você não acabou de dizer que são uns chatos e que não deixam você ir para lugar nenhum, blá blá blá? Como é que eles deixam você acampar numa Machané no meio do mato? Aaah, mas aí é diferente, né? Segundo meus pais, tem muita segurança lá. Os bitahon[7] do Centro Israelita do Paraná garantem a tranquilidade dos meus pais! E a minha! Nas Machanés, pelo menos, eles não enchem o saco quando eu vou, graças à "segurança" que tem. Isso é ideia deles, né? Mas sei lá, eles devem ter um pouco de razão. Nos passeios com a comunidade sempre têm uns bitahon falando uns com os outros por aqueles aparelhos eletrônicos que ficam no ouvido que a gente vê em filmes. Eu me sinto num filme de aventuras! Pena que não tem aventura nenhuma, só uma fofoca aqui e outra ali.

E já que você está aí perguntando sem parar, pergunte de uma vez: sendo seus pais tão chatos, Renata, eles te incomodam por você ficar com o Paulinho nas Machanés? Não, não incomodam. Aliás, é preciso que eu diga, sou feminista e defensora dos direitos das minorias desde que me conheço por gente. O que é que qualquer um tem a ver se a pessoa gosta de homem, de mulher ou de E.T.? Ninguém, né? Sempre tive essas opiniões politicamente corretas e meus pais sempre concordaram comigo.

Uma vez, aliás, resolvi ver *até onde ia* a correção política do meu pai. Perguntei para ele, como quem não quer nada, se ele não se incomodaria se eu fosse lésbica. Falei assim, com a maior cara séria. Ele respondeu: "Claro que não, minha filha", bem sério também. Tão sério que fiquei com pena dele, coitado, e falei então para ele que isso nunca tinha me passado pela cabeça. Meu pai me respondeu que, mesmo se fosse o caso, ele não se incomodaria. É claro, segundo ele, que homossexuais sofrem preconceito na nossa sociedade e que isso seria motivo de preocupação se eu fosse mesmo

---

[7] Guarda, em hebraico. Bitahon são as pessoas que fazem a segurança dos locais e eventos judaicos.

lésbica, mas que eu tivesse certeza de que, se fosse o caso, ele não mudaria o tratamento comigo.

De modo que as Machanés são as ocasiões em que posso ficar livre dos meus pais que, como vocês já perceberam, não me deixam ir a lugar algum, e onde eu posso ficar com o Paulinho. Ah, sim, o Paulinho não vai lá em casa, nem eu vou na dele, porque nós *ficamos* e não namoramos.

Aí você, que não para de me perguntar coisas, deve estar querendo saber se na Machané a gente só fica uns com os outros e não faz mais nada. Claro que não, né? Lá a gente tem diversas atividades, aprende um monte de coisa, fortalece os laços com a nossa tradição. E fazemos amizades que, como eles dizem lá, são para o resto da vida. Espero mesmo que pelo menos a amizade com o Miguel continue para o resto da vida!

Desde que comecei no Dror, e isso já tem muuuuito tempo, o meu melhor amigo é o Miguel. Moreno, magro, meio esquisito, o Miguel é tímido com quase todo o mundo, menos comigo. Às vezes eu acho que eu, do meu jeito extrovertido, "defendo" o Miguel por lá. Não que alguém fosse fazer *bullying* com ele no Dror, nada disso, ou eu espero que ninguém fizesse. Eu matava se alguém tratasse mal meu Miguel. Mas sei lá. Como ele está sempre junto comigo e eu, sem querer me gabar, sou popular, engraçada e modesta (hahaha. O "modesta" foi boa!), acho que todo o mundo acaba respeitando o Miguel por minha causa.

Claro que ele é amigo, né? Não serve para ficar. Amigo do jeito que ele é, duvido que ele quisesse ficar comigo.

Nem sei por que pensei nisso, afinal de contas. Ele gosta de mim como amiga, do mesmo modo que eu gosto dele.

A aula está terminando e eu nem puxei papo com o Rafael. Ele está tristinho, acho que é por causa da namorada. Tenho peninha, não quero ficar incomodando. E, vamos lá, não vou ficar me abrindo toda para ele, vai achar que estou a fim dele. E sábado tem Machané no Dror! Não tem como eu perder isso, nem me desconcentrar.

Já estou com saudade do Paulinho.

Sexta-feira, 8 de maio

Para você ver como são as coisas. Ontem à tarde o Miguel ficou falando comigo, enchendo o meu saco para eu não ficar com o Paulinho na Machané. Era só o que me faltava! Ele não vai poder ir, vai viajar para o Rio de Janeiro, e disse que eu não deveria ficar com o Paulinho na ausência dele. Que não confiava nele. Que nunca gostou dele. Que nunca tinha falado nada porque sempre esteve ali caso alguma coisa desse errado, mas que agora *isso não ia rolar* porque ele estaria viajando.

E ainda complementou: "Só dessa vez, Renatinha, só dessa vez!".

Enquanto ele falava isso pelo viva voz, meu pai passou por ali e perguntou o que estava acontecendo.

— É o Miguel, pai, que não quer que eu fique com o Paulinho.

Meu pai começou a rir.

— Ah, o Miguel nunca teve ciúmes de você, teve? – meu pai perguntou bem baixo para ele não ouvir.

— Mas não é ciúmes, pai. Sei lá o que deu nele, respondi baixinho também.

— Tem alguém mais aí?

Estávamos falando bem baixinho *mesmo*, mas não a ponto de o Miguel não saber que tinha mais gente na sala.

— Meu pai, Miguel.

— Oi, seu Sérgio, tudo bem?

Agora meu pai está falando com o Miguel no viva voz. Não tem nada tão ruim que não possa piorar. Meu próprio pai não cansa de repetir isso.

— Tudo, Miguel, e com você? Teus pais estão bem também? Mande lembranças para o Isac e para a Rute.

Comunidade pequena já viu, né? Meus pais conhecem os pais de todos os meus colegas de kvutzá e muitos estudaram junto com eles na Escola

Israelita. Ah, sim, meus pais não conhecem ainda os pais da Paula, né, que não são judeus (parece que a mãe dela tem uma parente distante judia, mas nunca entendi direito que tipo de parente é essa). Acho que eles querem se converter e não perdem um Cabalat Shabat[8] – conseguem ir lá por causa do amigo judeu deles; parece que vão virar até sócios do CIP! Fico muito feliz com isso, adoro a Paula. Só que meus pais só vão na Sinagoga no Yom Kipur e no Rosh Hashaná,[9] então não se encontram com os pais da Paula por lá. Haha.

— Comigo tudo bem, seu Sérgio. Pode deixar que mando lembranças pra eles sim, seu Sérgio. Posso lhe pedir um favor, seu Sérgio?

— Pode, claro!

— Diga para a Renata não ficar mais com o Paulinho!

Epa! Não era para eu não ficar com ele só na Machané? Como é que ele inventou essa agora? Só que ele falou de um jeito tão engraçado que estávamos nós dois rindo, eu e meu pai.

— Mas eu não posso fazer isso, Miguel!

— Fala pra ela, seu Sérgio!

— Mas por quê? O que tem de errado com ele?

— Eu não gosto dele, seu Sérgio, nunca gostei! Fala pra ela!

— Mas eu não posso...

— Mas pense nisso! O senhor não vai se arrepender!

Só o Miguel para falar essas coisas todas para o meu pai e todos rirem. Não que meu pai seja bravo ou coisa parecida, mas ele *tem cara de bravo*. É muito difícil alguém brincar com ele. Mas ele sempre gostou do Miguel, e sempre foi recíproco. E o Miguel sempre foi cara de pau com meu pai, como se não bastasse.

Uma vez meu pai até me perguntou por que eu não namorava o Miguel. Meu pai parece tonto. Eu respondi, claro, que o Miguel é meu amigo e que

---

[8] Literalmente "Recebimento de *Shabat*". Trata-se do serviço religioso celebrado, logo ao anoitecer de sexta-feira. O *Shabat* inicia ao pôr do sol de sexta e termina ao anoitecer de sábado.

[9] Ano Novo judaico.

esse papo de namorar o Miguel não tem nada a ver. Meu pai deu uma risada que eu não entendi o que significava, parecia que não estava acreditando muito. Não quis perguntar o porquê daquela risada do meu pai. Meu pai me dá medo de vez em quando... Já falei, né?

Voltando ao viva voz... Meu pai logo saiu e falei com o Miguel:

— Mas que ideia idiota. Ainda bem que você não falou pro meu pai que, segundo você, você sempre me protegeu do Paulinho. Se minha mãe desconfia dessas suas ideias malucas ela não me deixa mais ir no Dror. O Paulinho nunca representou risco para ninguém. Aposto que você só falou isso pra me encher o saco.

— Tá, ele não representa perigo mesmo, mas você sabe que eu não gosto dele.

O Paulinho está na kvutzá das pessoas um ano mais velhas que as da nossa própria kvutzá. Por isso ele tem dois anos a mais que eu. Haha. Eu quis pegar você que nunca foi para um Dror, mas é fácil de explicar: como nós, meninas, amadurecemos antes que os meninos (além de sermos mais inteligentes e espertas), numa mesma kvutzá ficam meninas que nasceram num mesmo ano e meninos que nasceram no ano anterior. O judaísmo enxerga bem nossa superioridade (haha) e é por isso que o Bat Mitzvá é feito no ano que as meninas completam doze anos e o Bar Mitzvá[10] é feito no ano que os meninos completam treze. Desse modo, o Miguel, da minha kvutzá, tem um ano a mais que eu, e o Paulinho, da kvutzá seguinte, dois. Isso nem faz tanta diferença com os casais que querem ficar, já que nas nossas reuniões ninguém pode ficar, né? No máximo, os casais ficam de mãos dadas enquanto os madrich[11] ficam falando – lembro quando o André ficava de mão dada com a Giovanna, foram os primeiros a ficar na nossa kvutzá. Ficam até hoje. Eu comecei a ficar com o Paulinho um pouco mais tarde. O Paulinho que, como vimos, não é lá muito querido pelo meu melhor amigo. Mas isso, parece, é coisa recente:

---

[10] Bar Mitzvá (filho do mandamento) é a cerimônia que insere o jovem judeu como um membro maduro na comunidade judaica. Quando um judeu atinge a sua maturidade (aos 12 anos de idade para as meninas, 13 anos de idade para os meninos), passa a se tornar responsável pelos seus atos, de acordo com a lei judaica.

[11] Guia ou supervisor de uma kvutzá.

— Mas Miguel – digo para ele –, você nunca tinha implicado com o Paulinho.

— Mas agora implico!

O que é que deu nesse menino?

Estou pensando nessas questões realmente importantes quando o meu colega da frente me passa um bilhetinho:

"Está brava comigo?".

Escrevo um bilhete em resposta:

"Claro que não. Por que estaria?".

"Você não falou mais comigo", foi o bilhete em resposta.

"A distância é a mesma", foi o último bilhete da manhã. Logo em seguida bateu o sinal e fomos para o intervalo. Rafael estava rindo.

– Você, hein, guria? Bocuda, hein?

E começou a falar um monte de bobagem com o sotaque de Videira. Fomos conversando, conversando e, quando vi, tocou o sinal e ele não foi falar com os amigos dele, e nem eu com as minhas amigas. Está tudo ficando estranho: Miguel com ciúmes de mim, Rafael passando o intervalo comigo.

E eu ficando com o Paulinho.

Segunda-feira, 11 de maio

Aposto que você quer saber como foi a Machané, né? Pois é, deu tudo errado! Fiquei com o Paulinho, conforme previsto, até que tive a infeliz ideia de falar (muito) bem do Miguel para ele: estava querendo dar uma de detetive *muito esperta*, sondando o ambiente, para saber se inimizade entre os dois meninos era recíproca.

— Sei que você gosta do Miguel, mas pra mim ele é o cara mais babaca do Dror – foi a resposta dele.

Fiquei furiosa, perguntei *como é que ele podia falar assim do meu melhor amigo*, e pronto. Perdi a cabeça. Não quis mais papo. O Paulinho até que veio tentar falar comigo numa boa no final da Machané, mas aí eu não queria mais nem saber.

O pior nem é isso, já que não é a primeira vez que eu brigo com o Paulinho e provavelmente não seria a última. Pior é ter que falar da briga com o Miguel e ver o sorrisinho sacana dele – ele irá me encher o saco até não poder mais. É óbvio que eu poderia ficar quieta e não falar nada para o Miguel, mas vai que alguém dá com a língua nos dentes? Aí ele irá ficar magoado comigo – *nós somos amigos, né* – e, bem, ele não teve culpa nenhuma da briga. Quem manda eu elogiar meu amigo para o meu ficante?

Mas eu estou me sentindo querida, ah isso eu estou. Nisso, chega o Rafael para mim:

— Guria, você pode ir comigo na diretoria ali na hora do intervalo?

Aqui em Curitiba a gente ("gente", com nosso sotaque que eu não consigo mostrar por escrito) só chama uma menina de "guria" para encher o saco ou para brigar mesmo. O Rafael, que veio de Videira, está me chamando de "guria" e está sendo carinhoso. Preciso perguntar para ele depois como é que funciona essa palavra por lá. Um papo comum nas Macabíadas, quando estamos em contato com chaverim[12] do Brasil inteiro, aliás, é sobre essas diferenças de linguagem (é claro que o "clássico curitibano" é chamar salsicha de vina – vina normal ou vina kasher para quem é kasher, claro).

MAS PERA AÍ! EU FALEI QUE O RAFAEL ESTÁ "CARINHOSO" COMIGO? Nossa, era só o que me faltava! Está todo o mundo me amando. Tenho que aproveitar antes que acabe!

— Posso sim, Rafael.

Queria encher o saco dele perguntando se, afinal de contas, ele não tinha amigos para ir até a secretaria com ele. Mas ele já estava bonzinho e já me incomodei o suficiente com a minha boca grande no fim de semana que passou.

Começamos a caminhar e o Rafael veio com essa:

---

[12] Ver nota 4.

— Como foi a Machané?

— Ei, como é que você sabe que eu fui na Machané? Como é que você sabe O QUE É MACHANÉ? – quem não é da comunidade quase nunca sabe o que é Machané.

— Tenho minhas fontes.

Era só o que me faltava. O Rafael fazendo pesquisas a meu respeito. É claro que ele poderia ter pesquisado alguma coisa na internet, mas eu quase não posto coisas da comunidade judaica. Só se ele stalkeasse muito o meu perfil, né? Mas o Rafael não gosta muito de redes sociais, pelo que ele me disse um dia, então deve ter perguntado sobre mim para alguma amiga.

— Me diga nomes.

Nós dois começamos a rir.

— A fonte é sigilosa.

— Ah vá. Só pode ter sido a Paula, a Maria ou a Teresa. Vou encher tanto o saco das três que elas vão acabar me contando mesmo.

— Ah, deixa de ser boba guria. Você não pediu segredo pra ninguém, pediu?

— Te peguei! É uma das três! Se não fosse, você iria dizer.

— Tá, vou pedir pra minha fonte te contar que ela me contou. Mas não havia segredo envolvido. Espero que você não fique brava com sua amiga por minha causa.

Preocupado com minha amizade. Digo que ele é querido.

— Enfim, guria, como é que foi lá? Ficou com o tal de... Como é o mesmo nome dele?

— Pesquisou sobre minha vida e não sabe o nome do meu ficante. Tá, acredito.

— Verdade, guria, de jeito nenhum que eu lembrei o nome do cara – falou isso imitando o sotaque de Videira. Aí não tinha como eu ficar séria.

— Enfim, briguei com o PAULINHO. – Reforcei o nome do ficante, claro.

— Por quê?

— Falei bem do Miguel pra ele.

— Quem é Miguel?

O Rafael parecia realmente curioso agora. A informante, fosse lá quem fosse, não fez o serviço completo. Minhas três amigas souberam do papo do Miguel com o meu pai.

— Meu melhor amigo.

— E qual é o rolo de Miguel versus Paulinho?

Dá para levar a sério esse Rafael?

Contei do papo do Miguel comigo e com meu pai e da reação do Paulinho quando falei bem do meu melhor amigo.

— Melhor amigo, é? Esse cara tá a fim de você. Deixa de ser tonta!

Mas era só o que me faltava MESMO.

— Mas você é palpiteiro, hein?

Falei fingindo estar brava. Mas não estava brava não.

De jeito nenhum.

Sexta-feira, 15 de maio

Pois é, olha como são as coisas.

AGORA, EU E O RAFAEL FICAMOS JUNTOS EM TODOS OS INTERVALOS.

Às vezes ficamos com as minhas amigas, às vezes com os amigos dele, às vezes só nós dois.

SÓ NÓS DOIS.

Sexta-feira, 22 de maio

Mais uma semana e continuo passando os intervalos com o Rafael. Ele se diverte com o meu jeito *bocudo*, segundo ele, e eu me divirto quando ele imita o sotaque de Videira.

Este sábado vai ter churrasco lá na casa do Mau. Como vai começar lá pelas sete da noite, meus pais pegam a mim e a Paula no Dror e vão me levar direto lá no Mau. Espero que meu pai ache o endereço. O tonto ainda é "refratário" (mais uma das palavras esquisitas dele) à utilização do GPS e vive me fazendo passar vergonha com os meus amigos PORQUE ELE SE PERDE. Mas pelo menos, como ele sabe chegar no CIP, sei que às seis e meia ele vai estar lá.

O Miguel ficou meio chateado com esse churrasco lá do pessoal da sala, porque o pessoal do Dror vai dormir lá na casa do Isaquinho, da nossa kvutzá, e ele queria que eu fosse junto:

— Ah, Renata, você nunca deixou de ir em alguma coisa com a turma do Dror por causa da turma da sala...

É verdade. É a primeira vez que eu deixo de ir numa atividade com o pessoal do Dror por causa de alguma coisa que não tenha a ver com saúde ou minha família. Mas eu preciso fazer amigos novos, meus pais sempre me falam.

Mentira, não falam nada não.

Mas é uma coisa engraçada, eu fico me perguntando de vez em quando. Por mais que eu nunca tenha tido problemas no Dror, desde criança, na escola, eu fiquei muitos anos sem amiga, cheguei a sofrer até bullying uma época. De uns tempos para cá tudo mudou e agora estou gostando de "abrir meus horizontes" (essa expressão é uma das favoritas da minha mãe) com novos amigos.

Você, que está aí me lendo e me julgando, deve estar pensando que essa alegria toda com novos amigos tem um nome só: Rafael.

Vai procurar sua turma, vai.

Faça isso, por favor.

— Miguel, mas eu me dou bem com a turma da sala...

— Eu sei, você me fala deles... mas eu fico chateado se você não vai. Sinto sua falta.

Tadinho do Miguel.

— Mas quando você não vai eu também fico chateada...

Lá vem você, que me lê, de novo. Só porque eu fico com o Paulinho e o Miguel nunca fica com ninguém (isso eu não tinha contado, mas você, obviamente, já deve ter desconfiado porque você se mete na vida dos outros), e porque eu sou extrovertida e ele tímido, você acha que ele sente mais minha falta no Dror do que eu a dele. Mas eu sinto mesmo a falta dele quando ele não vai. NÓS SOMOS GRANDES AMIGOS, diga você o que quiser.

Quanto ao Paulinho, você pode até não acreditar, mas rola assim: quando dá para ficar, a gente fica. Se um não pode ir em algum lugar, simplesmente não há estresse. Na semana passada, no Dror, a gente nem lembrava direito que tinha brigado na Machané e nos tratamos como sempre nos tratamos. Sem muita conversa. Meus pais não entendem meu relacionamento com o Paulinho, mas eles são velhos, né? Meu pai não se conforma, já que estamos falando nisso, que nos nossos churrascos não comemos churrasco, mas pizza ou salgadinhos. Ele pede explicações sobre como pode "um churrasco sem churrasco" e eu só dou risada da preocupação dele.

Meus pais viveram numa época em que não existia nem internet nem celular. E nem churrasco sem churrasco. Que época estranha deve ter sido.

Agora os dois usam bastante celular (minha mãe mais que meu pai) e bastante computador (meu pai mais que minha mãe). Meu pai é engenheiro e diz que na especialidade dele não teria como trabalhar sem computador, que ele já usava computador quando ainda não existia internet. Ele não é especialista, mas sempre que dá pau nos notebooks aqui de casa, eu e minha mãe o chamamos. Normalmente, ele dá um jeito. Mas às vezes ele bate o olho e já diz: "Ihhhhh...".

Sinal de que tem que levar para o conserto.

Sábado, 23 de maio

Aqui estou eu na casa do Mau. Além daqueles que já foram apresentados anteriormente – Juca, Chico, Teresa, Maria, Paula, eu, Rafael e Mau –, estão mais alguns amigos do Mau e outros tantos da nossa sala. Os meninos conversando entre si, as meninas entre si, um churrasco bem agradável. Chega a Maria para mim, quando não tem ninguém por perto:

— O Rafael está a fim de você.

— O quê? Ele te contou?

— Não contou não, cara. Mas estava todo interessado na sua vida no Dror. E sempre vem falar comigo sobre você.

— Ah, foi você que contou que eu ia pra Machané!

Eu tinha pensado em apertá-la para ela me confessar que era ela que tinha contado para o Rafael, mas, francamente, o assunto era de *somenos importância* (meu pai e as expressões dele). De mais a mais, eu não tinha pedido segredo mesmo e minha amizade com o Rafael só tem melhorado depois que ele veio me perguntar da Machané.

Ah! E a Maria nunca foi numa Machané, claro, mas sabe os detalhes porque eu conto para ela.

— Fui. Achei que ele tinha te contado que fui eu que contei pra ele da Machané, porque eu disse pra ele te contar.

— Não! Eu ainda perguntei para ele e ele te protegeu.

Mas é um amor esse Rafael, né? Ela continuou:

— Enfim, Renata, ele está a fim de você.

— Mas você perguntou pra ele se ele estava a fim de mim?

Esse papo estava começando a me irritar. Eu já tinha perguntado isso.

— Não, já disse.

— E como é que você sabe, cara?

— Ah, quando ele fala em você se transforma todo. Até o Mau já comentou isso comigo.

NOSSA. Nossa. Fico nervosa, começo a tremer.

— Mas pare de tremer, guria. Vamos lá pra fora.

Ainda bem que ninguém viu. A Maria me leva lá para fora (o churrasco que não é churrasco é no salão de festas do Mau), eu me sento numa cadeira e vou me acalmando.

— Você tá boba, guria? Tá a fim do Rafael?

— Ah, sei lá.

E volto a tremer.

— Espere aí.

Maria traz o Rafael.

— Rafael, a Renata tá tremendo. Fique um pouco com ela.

Meu Deus. Começo a tremer descontroladamente.

— Nossa, Renata. O que está acontecendo?

Falo ou não falo? Se eu não falo, vou ficar tremendo até sei lá que horas. Seja o que Deus quiser:

— A Maria me disse que você é a fim de mim.

Imagina a tremedeira da pessoa.

Sei lá se é para tentar me ajudar, sei lá se é verdade, sei lá. Mas o Rafael me fala:

— É verdade, Renata. Eu sou a fim de você.

Segunda-feira, 25 de maio

Gente, eu estou namorando. EU ESTOU NAMORANDO. É claro que você deve estar me xingando porque eu não disse nada sobre o que rolou depois que o Rafael me falou que estava a fim de mim. Nenhum dos *acontecimentos momentosos* (sério, acho que meu pai inventa essas palavras) que me levaram da condição de ficante sem namorado para a condição de namorada do Rafael. Um menino que nem judeu é. Hahaha. Sei de gente lá da comunidade que não curte quando os filhos namoram góis,[13] mas meus pais sempre deixaram claro que não se importavam com isso. Mas sei lá, conhecendo-me do jeito que eu me conheço, TENHO CERTEZA de que se os pais me enchessem o saco por estar namorando um gói eu iria encher trezentas vezes mais o saco deles. E iria procurar só góis para incomodá-los. Eu faço as minhas leis.

Enfim, voltando à noite de sexta-feira: depois que o Rafael confirmou que gostava mesmo de mim, pedi para ele me abraçar para eu parar de tremer. Espertinha eu, você estar pensando. Verdade. Queria que ele me abraçasse MESMO. A gente começou a se beijar e eu fui parando de tremer. Foi bonito e romântico.

Estávamos ali só aproveitando o momento, quando veio a paranoia e eu falei:

— Mas escuta, como você está a fim de mim? Você estava chorando por causa da sua ex-namorada não faz nem um mês?

— Ei guria, vai começar a tremer de novo? Não faz isso por favor!

E começou a falar igual *videirense* (acho que é assim que se chama quem é de Videira), e não deu para aguentar. Comecei a rir e a abraçá-lo. Foi lindo, viu? Pode ficar com inveja, você aí, que está me lendo.

No domingo, ele me telefona:

— Ei, Renata, você quer sair comigo?

Ué.

— Onde?

— Sei lá, preciso falar com você.

---

[13] Palavra hebraica para nação ou povo, utilizado pela comunidade judaica para se referir aos não judeus ou gentios.

Como é que eu vou fazer para ir? Meu pai vai ter que me levar e hoje ele tem jogo do Coxa (minha mãe não dirige). Sei lá, vamos dar uma chance para o menino.

— Espera aí Rafael, que eu já te ligo.

— Pai, você pode me levar para me encontrar com o Rafael?

Ele já sabia que eu tinha ficado com ele. Eu contei para ele, antes que você me pergunte.

— Eu vou no jogo hoje, filha.

— Que horas é o jogo?

— Sete da noite.

— Pai, são quatro da tarde. Claro que dá tempo.

— Claro que não dá!

— Ah, pai...

Tanto enchi a paciência dele que conseguimos chegar em um acordo. Eu conversaria com ele no máximo meia hora e ele ficaria esperando do lado de fora. Só que ainda não tínhamos combinado aonde nos encontrar e nem onde seria. Eita. Que encontro complicado. Ligo para o Rafael:

– Rafael, meu pai me leva, desde que seja rápido. Aonde vai ser o encontro? Quem vai te levar?

Ele mora do lado do Shopping Curitiba, seria na praça da alimentação. Ele iria a pé.

— Ah, vou ficar na Livraria Cultura que tem ali. Provavelmente, vou comprar um livro do Le Clézio que estou paquerando há dias – meu pai falou quando soube do arranjo; meu pai é um saco mesmo com esse tal de J. M. G. Le Clézio.

Chegando lá na praça da alimentação, já chego falando:

— Olha, não foi fácil vir aqui. Espero que seja importante.

A menina está podendo hoje.

— Quer namorar comigo?

Assim, de cara! Por essa eu não esperava! Achei que só tínhamos ficado e pronto. Mas, por outro lado, ele me disse que estava a fim de mim. É verdade que eu estava tremendo nessa hora, mas que ele falou, falou.

Enfim, não sabia o que responder e falei a primeira coisa que me veio à cabeça:

— Mas por que você já não me pediu em namoro ontem?

— Sei lá, guria.

Será que ele ficou chateado com a minha pergunta? Ah, sei lá. Eu e a minha boca grande. Não posso perder o momento, como diz minha mãe:

— Tá, tá bom. Quero namorar sim!

Você, que me lê, viu ali que eu coloquei um ponto de exclamação? Bonitinho, né? Eu fiquei emocionada. Só de lembrar começo a lacrimejar. Tá, chega. Vamos voltar à história.

— Não vai ficar achando que só quero namorar você porque eu estava triste que meu outro namoro acabou!

Fala de mim, que sou bocuda, mas isso é coisa que se fale?

— Você que está falando nela, não eu!

Será que mal começamos a namorar e já vamos brigar?

— Mas você tinha me falado ontem...

— Ontem foi ontem. Já aceitei namorar hoje. Quer que eu mude de ideia?

E começamos a rir. Agora sim, podíamos começar a namorar.

Sábado, 30 de maio

Hoje tem Dror. Eu sei que não deveria estar preocupada, mas HOJE TEM DROR. O Paulinho vai estar lá, o Miguel vai estar lá, e eu vou estar lá.

Não, não contei para nenhum dos dois que estou namorando. Não contei para nenhum dos dois que eu estou perdidamente apaixonada – mas este último detalhe eu também não contei para você, que me lê. Então, lá vai.

Nunca achei que namorar fosse assim tão bom. Tão maravilhoso. Tão especial. Ficamos sempre de mãos dadas no intervalo e conversamos horas pelo telefone. Às vezes, a gente se encontra lá na Praça da Espanha. Meu pai me leva e fica lá me esperando, lendo. Ele está de férias esta semana – OS DEUSES ESTÃO A FAVOR DO NOSSO NAMORO – e o fato de meu pai estar disponível para ser meu chofer é um sinal *inequívoco* (palavra inventada por ele, só pode ser) disso.

Eu amo o Rafael mais do que tudo. Em uma semana já deu para perceber que ele é homem da minha vida. É maravilhoso. Agora entendo por que o Rafael ficou chorando de saudade da ex-namorada naquele dia. Eu também, só de pensar em perdê-lo, começo a chorar também. Chorar não, lacrimejar, porque eu não sou maluca.

E não vou falar mais porque você vai botar olho gordo no nosso amor.

Haha. Brincadeira, mas eu estou apaixonada mesmo. COM CERTEZA deu para perceber.

E o que eu estar nervosa com o Dror tem a ver com isso? Bem, minhas amigas, claro, estão sabendo do grande amor da minha vida. E a Paula, que é minha amiga tanto de Dror quanto de escola, é uma delas. Só que... bem, nem o Paulinho nem o Miguel sabem do meu namoro. Ainda. E não sei como contar.

Perguntei para a Paula esta semana o que eu deveria fazer.

— Ué, conta pro Paulinho que não pode mais ficar com ele porque você está namorando e encontrou o grande amor da sua vida.

— Não vou dizer que encontrei o grande amor da minha vida, Paula. Por mais que eu saiba que eu tenha encontrado.

— Enfim, você só fica com o Paulinho, guria, não é namorada dele. Não tem nenhuma necessidade nem de falar nada.

— Pois é, mas logo vai ter Machané, ou a gente vai dormir na casa de alguém, e aí ele vai querer ficar comigo e...

— Ué, então fale. Deixa que eu te ensino: "Paulinho, eu estou namorando...".

Mas é uma palhaça essa Paula.

— Ô guria, não fique me zoando. Estou sofrendo, não está vendo? Nós duas começamos a rir, mas minha situação não mudou nada.

— Estou sim, mas você tem que falar, né?

— É...

— E o Miguel?

— Ai.

— Ai o quê?

— Acho que estou mais incomodada com a reação dele que a do Paulinho.

– Mas ele é seu amigo!

— Ai.

— Ai o quê, guria?

— Sei lá. Vai que ele não gosta do Rafael do jeito que não gosta do Paulinho?

— Mas guria, eles nem precisam se conhecer!

— As, sei lá cara, parece que estou fazendo alguma coisa errada.

— Como assim?

— Não sei.

Realmente, não sei. O Miguel ter reclamado para o meu pai do Paulinho porque eu ficava com ele me deixou mexida. Coisa estranha. Sei lá, acho que ele vai ficar chateado. Já ficou só por eu ficar com o Paulinho, imagine namorar? Ou vai que não fica, e vai com a cara do Rafael e fica feliz com a minha felicidade? Ah, sei lá, não sei o que fazer.

Domingo, 31 de maio

Não fiz nada! Haha. Fiquei sem coragem. Teve tantas atividades no Dror que eu fui deixando, deixando, deixando... e não falei nada.

A Paula veio me incomodar depois:

— Falou nada, né, guria?

— Haha. Não tive coragem.

— Bem, uma coisa é certa: a vida é sua, né? Você conta só se quiser.

— E se minhas amigas que fazem escola e Dror junto comigo não saírem contando, aí eles ficam sem saber!

Foi quando começamos a rir um monte.

Primeiro ano do ensino médio

Terça-feira, 4 de abril

Eu me chamo Renata e sou aluna do primeiro ano do ensino médio. Arrá! Te peguei, presta atenção aí. Eu estava na nona série no ano passado, agora já estou no primeiro ano.

Vamos às atualizações necessárias:

1. Estou no primeiro ano do ensino médio. Só para reforçar a ideia.

2. Continuo namorando o Rafael.

3. Tanto o Paulinho quanto o Miguel estão sabendo do meu namoro. Também, né? Não tinha como esconder por tanto tempo.

4. Minhas três melhores amigas – a Teresa, a Paula e a Maria – continuam minhas melhores amigas.

5. Continuo no Dror, mas nem sempre é fácil.

6. Neste ano eu vou debutar!

Quanto à (1), chega de eu dizer que eu estou no primeiro ano do ensino médio, já encheu.

Quanto à (2), que amor lindo é esse nosso! Não vou falar mais para você, que tem olho gordo, não ficar secando o meu namoro.

Tá, tá ok, preciso falar: continuo amando o Rafael *mais do que tudo*. Ele é querido, atencioso, me coloca para cima, é carinhoso. Prefere ficar comigo a com os amigos dele. Nós nos amamos demais. Por mim casava com ele já! Pena que não dá, né?

E ele me fez passar UM NATAL EM FAMÍLIA! Você acredita nisso? E os pais dele ainda convidaram nossos pais, que foram! Ninguém é muito kasher lá em casa, mas os pais do Rafael, por mais que não tenham feito um jantar estritamente kasher – aí, reconheço, seria demais –, não serviram nem frutos do mar nem carne de porco na janta de Natal, como respeito à nossa família! Foi muito lindo.

Lembro-me como se fosse hoje o dia em que fui contar para meus pais que os pais do Rafael nos tinham convidado para o jantar de Natal, mesmo sabendo que somos judeus. Minha mãe arregalou os olhos:

— Natal? Nós… não sei o que fazer. Nunca fui num Natal antes.

Ela parecia mais assustada que outra coisa. Nunca tinha sido convidada para um jantar de Natal.

Meu pai gostou de cara:

— Que legal! Eu já fui em alguns jantares de Natal na adolescência. Os vizinhos da rua em que eu morava sempre me convidavam e eu volta e meia ia jantar com eles!

— Mas eu nunca fui, Sérgio… Será que não é melhor perguntar para o rabino o que ele acha?

— Deixa de ser ridícula, Ester!

Deixa eu explicar: o CIP, a comunidade em que vamos, é conservadora, mas não ortodoxa – como você pode imaginar, dado que ninguém lá em casa nunca nem se incomodou que eu namorasse um gói. Mas parece que tinha dado um "tilt" na minha mãe com essa preocupação de jantar de Natal a esta altura.

— Ah, ok, você está certo. Acho que eu me assustei, só isso.

— Por que sua filha está namorando sério?

Apesar de eu estar namorando o Rafael (e o amando mais do que tudo) desde abril passado, demorou uns bons meses para os nossos respectivos pais se conhecerem. Gostaram uns dos outros e tal. Pelo que o Rafael me contou, os pais dele nunca se incomodaram pelo fato de eu ser judia. Também, né? Só o que me faltava! Meus pais não se incomodam como o Rafael ser gói, por que os pais dele se incomodariam por eu ser judia? Eu iria ficar furiosa num caso desses.

Enfim, não precisei ficar furiosa e tudo foi indo bem. Voltando ao papo do Natal com meus pais:

— Ah, pode ser – falou minha mãe.

— Então você ficou mais nervosa de passar o Natal na casa dos pais do namorado da Renata do que pelo fato de ser Natal em si?

Meu pai adora esse tipo de raciocínio, como ele mesmo diz, "tortuoso".

— Não sei e não importa. Pode dizer pro Rafael que vamos no Natal com a família dele sim! – resolveu o assunto minha mãe.

Passei um Natal em família! Trocamos presentes e tudo. Gostei muito, apesar de, confesso, sentir-me meio estranha no começo. Natal nunca foi um assunto lá em casa. Haha.

Falando nisso, eu nunca me estressei muito em não ganhar presentes de Natal, não. Sei lá, essa coisa não passava pela minha cabeça. Com a Giovanna, do Dror, era diferente. Quando criança, ela via os amigos lá do colégio dela ganhando presentes e fazendo festas de Natal, e uma vez chegou chorando em casa se queixando de que os amigos tinham Natal e ela não! Sei lá o que deu na cabeça do pai dela, que respondeu rápido: "Papai Noel não existe, mas o Mickey existe". Aí, na Chanucá daquele ano, o pai da Giovanna se fantasiou de Mickey e deu presentes para a Giovanna. Até hoje ela fica emocionada quando conta essa história. Que eu acho lindinha também.

Vamos ao item (3), então. No Dror da semana seguinte àquela em que eu não tive coragem de contar que estava namorando, a Paula veio falar comigo lá no Dror, quando praticamente ninguém tinha chegado ainda:

— Ei guria, deixa eu contar durante a peulá[14] que você está namorando? Quem sabe até role um debate sobre namorar góis etc. etc.!

Achei a ideia idiota, mas pelo menos iria me poupar de ter de contar alguma coisa para o Paulinho e, principalmente, para o Miguel. Estava começando a ficar preocupada com ele.

— Ok, ok – respondi.

— Ótimo, vamos falar com o madrich quando ele chegar.

Quando o Pablo, o madrich, chegou à sala, pedimos para que ele fosse até o corredor com a gente, já que queríamos uma conversa particular com ele.

— O que foi, meninas?

— Seguinte, Pablo: a Renata está namorando e está com vergonha de contar para o Miguel e para o Paulinho! Posso contar durante a peulá?

— Hahaha. Pode!

— Ele é gói, Pablo. Você acha interessante a gente discutir namoro durante a peulá? Ou, então, namoro com góis?

— Ah, Paula, eu te aviso quando der para você falar. Acho que a Renata não vai querer falar em público sobre o assunto, né? Hahaha.

— É, não quero mesmo.

Ai, que vergonha.

— Mas ninguém vai debater o namoro da Renata não, ok? Não é correto ficar discutindo assuntos privados em público!

É por essas e outras que eu amo o Pablo!

Antes do intervalo da peulá, o madrich falou para todo o mundo:

— Kvutzá, a Paula tem um recado para vocês!

---

[14]Atividade do Dror.

— Kvutzá, a Renata está namorando!

Foi tão idiota quanto pareceu. Pelo menos não tive que contar para o Miguel e o Paulinho. E Pablo retomou a palavra, no meio da confusão que se sucedeu à declaração da Paula:

— Vamos pro intervalo, gente. Quem quiser perguntar alguma coisa que pergunte direto para a Renata!

Só a Paula ali sabia que eu estava namorando, então as perguntas vieram em bom número: como o menino se chamava, se ele era menino, de onde eu o conhecia, se ele era judeu, há quanto tempo eu estava namorando.

E você, que me lê, quer saber do Paulinho e do Miguel. Se bobear, deve estar pensando que "a Renata é enrolada, a Renata só fica falando, falando, e não diz nada que interesse". Sossegue aí.

Enfim, o Paulinho não me perguntou nada. Nada. Não falou mais do assunto. Mal fala comigo agora. Meu pai acha que isso é estranho, mas eu acho que é só o jeito dele.

O Miguel também não falou nada, mas no caso dele eu estranhei. Não falou nem que apoiava a ideia, nem que era contra meu namoro, nem nada. Só me disse: "Espero que ele te trate bem". Coisa estranha para alguém falar, né? Achei meio esquisito. Eu também fico meio sem graça de falar no Rafael para ele, então a gente meio que se fala evitando o assunto. Às vezes, claro, sou obrigada a mencionar meu namorado de um modo ou de outro, e ele não demonstra nenhuma reação especial. Não parece incomodado, mas também não parece interessado. Como o assunto "Rafael" nunca progride muito com ele, eu acabo também sem falar no meu namorado com meu melhor amigo.

Meu pai diz que "melhor amigo" de menina é mais ficção do que realidade. Só se o sujeito for gay, meu pai complementa. Eu respondo que isso é machismo da parte dele. Meu pai ri e diz que não conhece homem menos machista que ele, o que não deixa de ser verdade, se você me leu até aqui, e espero que tenha lido mesmo. Meu pai acaba falando que o melhor amigo da namorada acaba sendo o namorado mesmo... Bem, infelizmente, nesse caso específico, meu pai não deixa de ter razão. Amo tanto ele que acabei amiga dele também.

Aí, você que está lendo e criando teorias conspiratórias, deve estar se perguntando: "Ei, será que o pai da Renata falou aquele negócio de gay por que desconfia que o Miguel seja gay?". Ou, pior ainda, "Será que o Miguel é gay?". Isso lá é coisa que se pergunte? Se ele for gay, é problema dele, ué!

E se o Miguel for mesmo gay?

Bem, depois penso nisso.

Quanto à (4), minhas melhores amigas são minhas melhores amigas ainda, não há muito o que comentar.

E sobre o item (5), o que eu tenho para contar? Eu confesso que às vezes penso em desistir do Dror, viu? Eu não teria o menor problema em colocar o Rafael no grupo, afinal de contas, como você deve se lembrar, a Paula não é judia e está lá. Mas quem que diz que ele quer entrar no Dror? Não há santo (ou rabino) que o faça entrar no grupo da juventude judaica. Eu levei meu lindo namorado em atividades externas do grupo algumas vezes – alguns churrascos e um aniversário. E digo para você, que me lê, que foi um desastre: o Rafael não gostou do pessoal do Dror, que também não curtiu muito meu lindo namorado.

O problema do Dror é que toma muito tempo aos finais de semana, que é quando os namorados namoram, né? E daí, como é que eu faço? O Rafael abre um bico enorme quando vou lá, de modo que frequentemente eu acabo faltando. E o pior nem é isso: depois das primeiras vezes que, como já falei, não deram muito certo, nunca mais fui aos encontros com o pessoal do Dror.

Quando comecei a faltar nas atividades "oficiais" e "extraoficiais" do Dror, o Paulinho me falou, meio bravo: "Eu sabia que isso ia acontecer depois do início do seu namoro". Eu só respondi: "Mas Paulinho, por que você está me falando isso?". Na verdade, não sabia direito o que responder. Ainda bem que ele não respondeu à minha pergunta e o assunto ficou por ali mesmo.

Mas fiquei pensando comigo: que babaca! O que ele queria? Que eu ficasse sem ninguém só por causa do Dror? Que eu namorasse alguém do grupo só para não faltar mais? Que eu namorasse ele mesmo, o Paulinho? Se é esse mesmo o caso, por que ele não me pediu em namoro quando a gente ficava?

Quanto à (6): vou debutar! Vamos lá: sou sócia do Clube Curitibano desde que nasci, mas, como você pode imaginar, a turma com quem eu sou mais ligada é o pessoal do Dror e, consequentemente, do Clube Israelita (lá é um clube também, além de ter a sinagoga e o Dror). Gosto das piscinas do Curitibano, às vezes vou lá nadar um pouco, já que a piscina do Israelita só abre no verão. Cheguei a competir natação quando era bem criança, mas depois enchi o saco e parei. De todo modo, tenho saudade de nadar de vez em quando e vou lá no Curitibano dar umas braçadas.

Lá em casa nunca tínhamos falado muito em baile de debutantes. Minha mãe, que era sócia do Clube Curitibano desde que nasceu (meu pai passou a ser sócio depois de se casar com ela), debutou também, mas não fazia muita questão que eu debutasse – ela queria mesmo que eu fizesse Bat Mitsvá, que você deve lembrar que eu já fiz. Eu mesma nunca tinha dado muita bola para o assunto... Até eu descobrir que a Paula iria debutar! Ela também é sócia do Curitibano desde criança e também frequentou pouco o clube – éramos as duas sócias e nunca tínhamos nos visto por lá, o que não quer dizer nada, já que o clube é grande. Enfim, sabendo que ela iria debutar, achei que iria ser uma boa eu debutar também, nem que fosse só para uma fazer companhia para a outra!

O baile de debutantes, segundo pesquisei, era a ocasião em que as garotas da minha idade "eram apresentadas" à sociedade como "meninas prontas para casar". Pode um negócio desses? De todo modo, hoje ninguém mais dá mais bola para isso. Aliás, se esse fosse o objetivo real do meu baile de debutantes eu jamais entraria numa roubada dessas. Hoje em dia é só um baile legal, em que as pessoas se vestem a rigor: para as debutantes, vestidos brancos; para os meninos, smoking. Imagina que lindinho o Rafael vestido de smoking!

Não vejo a hora!

Quinta-feira, 4 de maio

Cada vez está mais difícil de conciliar o Dror com o meu namoro.

A minha confidente para esse drama, claro, é a Paula. Ela me diz para tentar ir levando os dois ao mesmo tempo.

— Mas o Rafael fica chateado quando não fico com ele no sábado... – respondi.

— Mas ele reclama com você?

— Não chega a reclamar, né? Até porque ele não é bobo e sabe que eu só faço o que eu quero.

— E o que você quer, Renata?

— Não sei!

— Não fique em dúvida por minha causa, né? Você sabe que estou bem entrosada no Dror. Se você parar de vez de ir eu vou me virar bem.

Realmente, por causa do meu namoro com o Rafael a Paula anda mais "influente" no Dror do que eu.

— Eu sei... É que é difícil sair, eu passei a vida inteira lá.

— E não quer jogar tudo fora agora, não é?

— Isso... E tem o Miguel também.

— Sei, mas então por que você não leva as coisas assim mesmo, do jeito que você está levando, mais um tempo? Você tem faltado de vez em quando mesmo. E fica mais um tempo até saber com certeza o que quer fazer da sua vida.

— Hahaha. Falando assim até parece que estou decidindo minha profissão ou coisa parecida!

E nós duas rimos.

Segunda-feira, 4 de setembro

Estou na preparação para o baile de debutantes. Na semana passada fui ensaiar a valsa com meu pai, que estava todo feliz! Ele não sabe dançar direito, nem eu, o que deixou a coisa muito mais divertida. Meu pai diz que tinha raiva quando dançava com a minha mãe no começo do casamento, já que ele nunca soube dançar e, segundo ele, minha mãe "o humilhava" quando dançavam. Meu pai adora esses draminhas. Agora os dois não dançam juntos "de jeito nenhum", segundo ele.

Hoje vai ser o ensaio da apresentação: cada uma das debutantes é chamada, anda numa passarela, é anunciada, dá uma voltinha e volta. Como tem muitas meninas debutando, tudo tem que ser bem sincronizado. Eu sou meio atrapalhada – alegria para você, que me lê, que fica querendo tirar sarro de mim de qualquer jeito –, e tenho medo de:

- tropeçar;
- tropeçar e cair;
- tropeçar, cair e quebrar os dentes;
- tropeçar, cair, quebrar os dentes e cair da passarela;
- bater sem querer em alguma menina;
- bater por querer em alguma menina.

Tá, essa última não é verdade. Quer dizer, é um pouco... Tem uma menina lá, a Joana, cujo pai trabalha com o meu, que não vai com a minha cara – nem eu vou com a cara dela. Nos encontros entre as debutantes ela vive me dando indiretas sobre minha maquiagem, sobre minhas roupas, sobre minhas unhas. Eu não respondo nada, mas estou ficando cada vez mais furiosa. Fui falar com a Paula:

— Paula, você viu a vagabunda da Joana falando que eu não arrumo minhas unhas nem me maquio direito?

— Vi. Insuportável mesmo. Quer que eu a mande ficar quieta?

É por isso que sou amiga da Paula.

— Não precisa não. Pode deixar que eu me viro.

Bem, na verdade não me viro não, e acabo não respondendo. Que saco isso. Ainda bem que não são muitos os encontros entre debutantes.

De todo o modo, se a Joana vier com papo antissemita, eu enfio a mão na cara dela. Isso eu não admito.

Será que ela fica me dando indireta por causa do antissemitismo? Pergunto isso para a Paula, que diz que acha que não, já que a Joana é chata mesmo.

Tomara. Não quero enfiar a mão na cara dela.

De qualquer maneira, NÃO VAI SER A JOANA QUE VAI ESTRAGAR O MEU MOMENTO! Estou muito entusiasmada com o baile de debutantes, essa é a grande verdade. O ensaio hoje vai ser muito legal, vocês vão ver.

Sábado, 30 de setembro

Chegou o grande dia! Vão estar todos lá: o Rafael, os pais dele, meus pais, a Teresa, a Paula (claro), a Maria, o Miguel, o Paulinho, o Mau, o Chico e o Juca. A minha ansiedade é enorme.

Até que não foi difícil arrumar um vestido. Eu achava que ia ser mais complicado, mas quando fui à loja de cara me apaixonei pelo primeiro que vi. Que sorte.

O Rafael alugou um smoking. Bem como eu imaginava. Queria imaginar como é que está o Miguel... Sei lá, tenho pensado mais nele ultimamente. Desde que comecei a faltar mais no Dror, estamos cada vez mais distantes.

Aliás, deixa eu contar: eu estava sentindo o Miguel cada vez mais sozinho e acabei pedindo para a Paula fazer companhia para ele no Dror quando eu não estivesse presente. Ela me respondeu:

— Mas cara, eu nunca deixo ele muito sozinho. Eu sempre tento entrosar ele nas conversas. Por que você tá me falando isso?

— Sei lá, tenho medo de que ele fique triste... Você acha que ele está triste?

— Sei lá, acho que não. Mas nunca me perguntei isso antes.

— Quando ele está comigo ele fica normal, não parece chateado nem nada. Mas estamos cada vez mais distantes...

— Claro, você tem namorado, né?

— Não sei. Você prestar atenção nele pra mim?

— Presto sim. Haha. Só você mesmo.

E agora vamos todos ao baile de debutantes. Estou ansiosa.

E você que está aí me lendo e me julgando, não pense que estou ansiosa por causa do Miguel PORQUE NÃO ESTOU.

A verdade é que depois das primeiras vezes que o Rafael encontrou o povo do Dror – e que não foram boas –, o amor da minha vida não viu mais o Miguel. Tomara que se deem bem no baile. Mas acho que não há por que eu me estressar, afinal de contas vão os amigos do Rafael e também mais um pessoal do Dror. Acho que cada grupo vai ficar no seu canto.

Por outro lado, todo o mundo vai ter que ficar bem próximo, já que somos muitas debutantes e as mesas ficam meio próximas umas das outras.

É, tomara que não dê nada errado.

***

Já desfilei, já dancei a valsa com meu namorado, já dancei a valsa com meu pai, e agora estamos todos aqui nas mesas reservadas para mim, umas grudadas com as outras. No meio, minha família e a do Rafael. No canto esquerdo, a turma do Dror. No esquerdo, o pessoal da escola. Bem separados, como eu achava que estaríamos. Só eu e a Paula vamos do canto direito para o esquerdo das mesas. O Rafael está animado, com os amigos dele, nem está prestando atenção em mim – assim é bom, já que estou no canto do povo do Dror. É bom o Miguel saber que, numa data tão importante como hoje, eu não me esqueço dele.

O som está alto, temos que falar gritando uns com os outros.

Miguel chega ao meu ouvido:

— Renata, eu te amo.

— ...

— Verdade.

— Eu sei que você me ama. Como amigo. Eu também te amo como amiga.

— Deixa de se fazer de boba. Eu te amo como um namorado ama uma namorada.

— O que você está dizendo?

Não posso deixar transparecer nada. Daqui a pouco o Rafael começa a me olhar.

— Que eu te amo. Eu queria ser seu namorado.

— Mas eu tenho namorado, Miguel.

— Eu sei. Por isso o tempo do verbo.

"Queria" e não "quero".

— Mas desde quando você queria ser meu namorado?

— Tem tempo já.

— Antes de eu começar a namorar?

— Ih, faz tempo. Bem antes de você começar a namorar.

Sexta-feira, 6 de outubro

Já se passou uma semana desde o meu baile de debutantes. Se você quer saber como foi, já digo.

Bem, ainda não consegui me esquecer do que o Miguel me falou lá. Não aguento mais. Vou contar para alguém.

Não sei para quem.

Mentira: claro que sei. Acho que até você, que me lê e fica me criticando, sabe com quem eu vou falar sobre esse acontecimento "momentoso", como diria o engraçadinho do meu pai. Aquela que é do Dror e da escola *ao mesmo tempo*. Ligo para a Paula:

— Paula, você não imagina o que me aconteceu no baile de debutantes!

— Imagino sim.

— Como assim, imagina?

— Não só imagino. Eu sei o que aconteceu no baile.

— Como assim?

Primeiro, deixa eu explicar para você, que me lê, que já está me criticando porque eu não falei nada do baile. Na verdade, tudo deu certo, ninguém brigou, as minhas duas turmas ficaram separadas uma da outra a maior parte do tempo sim, mas no final já estava todo mundo numa boa. Meus pais e os pais do Rafael também estavam muito felizes – eles se dão super bem, precisa ver –, todo o mundo gostou.

Então, se eu digo para a Paula que ALGUMA COISA ACONTECEU NO BAILE e ela estava lá, o certo era ela me responder:

— Renata, como assim, aconteceu alguma coisa?

Mas não: a bandida não só IMAGINA como SABE que ALGUMA COISA aconteceu no baile. Começo a desconfiar seriamente de que ela já sabe o que rolou lá. E que você sabe o que é, já que é uma pessoa enxerida e palpiteira.

— Fale então o que aconteceu no baile, já que você sabe.

— Sei tão bem quanto você, Renata. Vamos parar de enrolação: o Miguel se declarou pra você. Foi a única coisa diferente que rolou lá.

— É...

— Então, você pediu para eu cuidar dele, né? Tanto cuidei, tanto conversamos, que ele acabou me contando que te ama já faz anos.

— Mas por que ele nunca me contou nada?

— Porque ele achava que você só gostava dele como amigo. Ele me perguntou se ele estava certo quanto a isso. Eu falei que sim. Eu te conheço bastante, né, cara?

— É sim...

— Ficou muda? Bem, e é claro que ele me proibiu de te contar do amor dele, que eu não podia te contar de JEITO NENHUM. Realmente, só ia te perturbar à toa.

– ...

– E eu tenho certeza de que você não iria ficar brava comigo de guardar segredo. VOCÊ MESMA PEDIU PARA EU CUIDAR DELE. Acho que fiz o certo.

– ...

– Tá muda, guria? Perdeu a voz?

Está mesmo difícil responder qualquer coisa para a Paula. O que eu posso falar?

Como é que eu vou dizer para ela que eu acho que estou gostando do Miguel? Como?

A verdade, e você, que só pensa mal dos outros, já sacou, é que aquelas poucas frases do Miguel me deixaram completamente sem saber o que fazer.

Eu nunca tinha imaginado o Miguel como alguém para ficar. Ele era feinho, esquisitinho e virou um gato: forte, bonito, parece outra pessoa – inteligente, sabemos, ele sempre foi.

E, confesso, quando fui falar com a Paula para cuidar do Miguel, eu já estava sentindo uma quedinha por ele. No fundo, eu queria que ela me contasse se ele estava com alguma menina ou não. Pelo visto, ele não estava mesmo. Enfim.

— Ah Paula, não sei o que fazer.

— Como assim, cara?

— Sei lá. Acho que meu relacionamento com o Rafael está caindo na rotina...

Deixa eu explicar uma coisa para vocês, que não tinha contado antes: tanto os pais do Rafael quanto os meus são liberais, e já há muito tempo eles permitam que um durma na casa do outro. Às vezes ele dorme na minha casa, às vezes eu durmo na casa dele.

No mesmo quarto.

E chega de falar da minha vida.

Mas esse esquema tem o lado bom e o lado ruim: às vezes, o Rafael passa o fim de semana inteiro comigo, às vezes eu passo o fim de semana inteiro com ele.

De modo que, como eu disse para a Paula, sinto que nosso namoro está caindo na rotina.

E eu, que já estava com uma quedinha cada vez maior pelo Miguel, depois que ele se declarou para mim no baile, obviamente, fiquei balançada. Mais do que balançada: fiquei achando que o *meu Miguel* (ai, olha aí o que estou falando) é um rapaz misterioso, que conseguiu guardar segredo por anos.

Que lindo.

Coitadinho do *meu Miguel*.

Sábado, 7 de outubro

Hoje tem Dror e é a primeira vez que vejo o Miguel depois daquele acontecimento "momentoso" (que ideia idiota do meu pai falar esse tipo de coisa). Não sei mais o que fazer. Estou a fim de largar tudo para ficar com ele. Como é que pode? Trocar o certo pelo incerto? Não me conformo comigo mesma pensando esse tipo de coisa.

***

Já estamos no final do Dror, estou esperando o meu pai para ir para casa e vamos jantar com o Rafael. O que costumamos fazer com frequência no sábado.

Estou um pouco mais tranquila. Já estou achando que o melhor é continuar com o Rafael mesmo, pois ele não merece que eu o deixe a esta altura.

O Miguel chega para mim, pede para irmos para um canto e vem com essa:

— Renata, você pode sair comigo algum dia essa semana?

Ai.

— Posso, sim...

O que é que eu vou fazer? Ele é MEU AMIGO.

— Que bom. Eu preciso te contar uma coisa...

— Ok.

Vocês queriam que eu perguntasse: "Você quer contar mais coisas ainda depois do que você me falou no baile?". Mas não dá, né? Já estou apavorada o suficiente com esse encontro com ele para ficar falando coisas que vão acabar me deixando mais nervosa ainda.

Combinamos que nos encontraríamos na quarta-feira, no Shopping Curitiba. Foi ele que fez questão de que o encontro fosse lá. O mesmo shopping em que comecei a namorar o Rafael, se você se lembrar. Que estranho. Será que a Paula falou para ele que foi lá que começamos e ele pediu para ser lá para me incomodar? Para "inticar", como diria o Rafael?

Que estranho.

Bem, meu pai vai levar a mim e a Paula para casa. Pergunto para ela enquanto vamos indo para o carro:

— Cara, você contou para o Miguel que eu comecei a namorar o Rafael no Shopping Curitiba.

— Contei sim, ele me perguntou.

— Agora ele quer se encontrar comigo lá Shopping Curitiba...

— Eu sei o que ele vai te contar.

— Meu Deus, você está amiga MESMO dele, né, cara?

— Pior que isso, cara... Estou apaixonada por ele.

Era só o que me faltava.

— E, obviamente, você não falou isso para ele, né?

— Como é que eu iria fazer isso? Ele só fala em você!

— Ai meu Deus.

E começo a tremer. Você já deve ter percebido que eu tremo quando estou nervosa.

— Tá tremendo por que, Renata? Está a fim dele?

— Acho que sim.

Não faço ideia de como eu fui falar isso para ela. Bem, para isso servem as amigas.

Quarta-feira, 11 de outubro

Amanhã é feriado, sexta-feira não temos aulas, sábado não tem Dror, o Rafael vai viajar para praia conosco no feriadão. Um tempo atrás isso tudo seria motivo de alegria. Mas só consigo sentir angústia.

E se eu começar a tremer na frente do Miguel?

Já estou no shopping, esperando o Miguel e...

Bem, deixa eu te contar mais uma coisa, enxerida leitora: ainda não sei o que o Miguel vai me contar. A Paula estava quase contando, mas daí ela me confessou que estava a fim do Miguel, meu pai chegou e fiquei sem graça de perguntar depois.

Aí você me pergunta se não tive tempo de perguntar para ela durante a semana... Mas o que posso dizer é que ficamos as duas sem graça por causa das revelações que fizemos. Evitamos o assunto.

O Miguel está chegando. Logo vou saber o que ele quer de mim.

— Oi, Renata!

— Oi, Miguel!

Não estou tremendo. Bom augúrio, como diria o meu pai.

— Então, te chamei aqui porque vou para o México, num intercâmbio...

— Nossa...

— A Paula não te contou?

— Não falou nada não, mas eu pedi pra ela te contar...

— Bem, não falou.

O papo está estranho, não acham?

— Enfim, não falou o que eu pedi pra te contar, mas ela me contou coisas a seu respeito.

— Como assim?

A situação só piora.

— Que você dorme com o Rafael, por exemplo.

Não faço segredo disso para ninguém, mas também não saio contando, principalmente no Dror.

— E o que você tem a ver com isso?

— Já explico.

Eu acho que nunca fiquei tão furiosa na minha vida inteira. Mas estava tentando não transparecer. É o Miguel, afinal de contas.

— Fale de uma vez.

— Então, você sabe que sempre fui a fim de você.

— Fiquei sabendo.

— Então, por que você não me dá uma chance antes de eu viajar?

— Chance de quê?

— Ué, de transar comigo. Você já não transa com seu namorado?

— Você quer que eu transe com você por pena?

— Pense o que quiser.

— E o fato de eu dormir com meu namorado me faz uma puta?

— Não, não quis dizer isso...

— Não precisava dizer, né? Já entendi.

E fui embora. Nunca mais quero ver esse cara na minha frente.

Chego em casa e ligo para a Paula:

— Paula, que história é essa de contar para o Miguel que eu durmo com o Rafael?

— Ué, não vi nada demais...

— Nunca que eu esperava isso. Não é porque você está a fim dele que te dá o direito de ficar me expondo desse jeito.

E desligo na cara dela. E não atendo quando ela retorna. Essa guria está falando demais da minha vida. Mas o pior ainda está por vir. Passa uma hora, recebo uma ligação:

— Se você não transar comigo vou contar para o Rafael que você está em dúvida se fica comigo ou se continua com ele.

Paula. Onde é que essa guria anda com a cabeça de contar essas coisas pra ele?

— Você até teria uma chance comigo se não tivesse vindo com esse papo machista de que eu durmo com o meu namorado, dando a entender que eu sou uma puta. Até teria uma chance comigo, se não estivesse me chantageando. Não pense que você tem chance comigo não. Nunca mais quero te ver na minha frente.

— Te dei uma chance.

— Fale o que você quiser, nunca traí o Rafael.

E desligo o telefone na cara dele. É a segunda vez que desligo na cara de alguém em uma hora.

Dali a um tempo, o Rafael me liga:

— É verdade que você estava na dúvida se ficava comigo ou com o Miguel? Que tremeu pensando nele, como tremeu quando começamos?

Adianta mentir?

— Amor...

— Não tem amor. É melhor eu não viajar com você.

E agora é meu (ex?) namorado quem desliga na minha cara.

Quinta-feira, 12 de outubro

Eu estava esperando que esse feriado não fosse bom, mas eu não estava preparada para isso. Uma amiga que conta coisas que jamais deveria ter contado. Um amigo que parecia tão legal se revelar um escroto do pior tipo. Como é que eu posso ter ficado a fim dele?

Mas isso, claro, não é o pior. Meu namorado, o grande amor da minha vida, não viajou comigo. Estou sozinha aqui na praia, meus pais estão chateados e eu num mau humor do cão.

O que é que eu posso falar com o Rafael? Dizer que não foi bem assim? Que o Miguel se revelou um escroto e por isso quero continuar com meu namorado de sempre? Isso poderia ser a deixa para o Rafael me perguntar que se o Miguel não fosse babaca ele teria uma chance comigo.

Poderia dizer que era tudo mentira, aí seria minha palavra contra a do Miguel. Mas fiquei muda quando o Rafael ligou para mim. Não foi fácil mentir naquela hora, seria mais difícil ainda mentir depois...

Segunda-feira, 16 de outubro

Eu me chamo Renata e sou aluna do primeiro ano do ensino médio. Aqui no Colégio a gente se senta por ordem alfabética, o que faz com que eu me sente atrás do Rafael, meu namorado, o grande amor da minha vida.

Epa, você deve estar pensando. Ele continua seu namorado?

Que bom que você presta atenção, é o que eu tenho para te dizer.

Mas, como estou feliz, vou te dar uma chance e contar o que rolou.

Na quinta-feira passada eu estava mal, pensando em tudo o que tinha dado errado.

Quanto ao Miguel: nada justifica o machismo dele. O que ele pensa de mim? Só porque durmo com o meu namorado ele acha que saio transando com todo o mundo? E se fosse o caso, qual seria o problema? Ele não tem nada a ver com meu comportamento e pensar esse tipo de coisa só pode ser machismo.

E, como se fosse possível, ele acabou fazendo uma coisa bem mais nojenta, contando pro Rafael que eu fiquei na dúvida entre meu namorado e meu amigo. Isso não tem perdão, de jeito nenhum. Nunca mais quero ser amiga dele. Por mim ele poderia passar o resto da vida no México.

A Paula tentou me ligar algumas vezes, não atendi e acabei por bloqueá-la. Como é que ela vai contar para o meu amigo que eu estava com uma queda por ele? Que eu até tremi? Não, não faz sentido. Eu sei que ela está a fim dele, que eu mesma pedi para a Paula para cuidar do Miguel, que ele pode ter vindo com uma conversinha daquelas para conseguir o que queria, mas isso não faz sentido. Nenhum sentido. Não sei se vou perdoar a Paula algum dia.

Aí passou a quinta-feira, passou a sexta-feira, eu naquela tristeza, e meu telefone toca bem cedinho no sábado. Era o Rafael.

— Oi, Renata. Posso ir aí?

— Como assim?

— Pego um ônibus na rodoviária, meus pais me levam lá, e chego aí na praia antes da hora do almoço. Posso?

— Mas não estamos brigados?

— Não chegamos a romper nada, chegamos? Eu só falei que era melhor não ir para a praia com você. Estou indo sozinho.

E deu uma risadinha meio sem graça.

Ele chegou lá no nosso apartamento na hora do almoço. Almoçou com a gente como se nada tivesse acontecido. Depois, fomos andar na beira da praia.

Estava com medo de perguntar alguma coisa, então ele mesmo perguntou:

— É verdade, então, que você ficou balançada com o Miguel?

— Não sei o que dizer...

— Só quero que você me fale a verdade.

— É verdade sim. Mas não tive nada com ele. Desculpe, Rafael... Desculpe.

— É, aquele babaca do Miguel não me falou nada a esse respeito mesmo. Se você tivesse tido alguma coisa com ele, ele teria contado.

Não sabia o que falar. Enfim, perguntei para ele:

— Estamos bem? Você me perdoa?

— Eu quero lutar por você, Renata. Eu sei que você reclama que sou grosseiro às vezes, que eu não te dou a atenção que você queria, que você se sente meio solitária comigo de vez em quando.

Tudo verdade. Não te contei para que você, que me lê, não fique vibrando com meus probleminhas no namoro.

— Mas não é sempre assim, né, Rafael? Na maior parte do tempo estamos bem.

— Não sei. Ultimamente você tem reclamado mais de mim.

Também é verdade, enxerida leitora.

— É...

— Pode ser que se eu tivesse te ouvido antes você não ficaria balançada com o Miguel...

— Não sei o que responder...

— Não precisa responder nada. Prometo que vou ser um namorado melhor daqui por diante.

Fico meio sem saber o que responder. Nem em sonhos eu imaginava que esse feriadão seria tão maravilhoso.

— Eu queria que você me desculpasse também, Renata.